金穗班主任

JINSUI BANZHUREN

新时代生长教育理念与实践丛书

刘芳 李宁／主编

中国农业科学技术出版社

图书在版编目(CIP)数据

金穗班主任 / 刘芳，李宁主编. — 北京：中国农业科学技术出版社，2021.12

ISBN 978-7-5116-5671-1

Ⅰ. ①金… Ⅱ. ①刘… ②李… Ⅲ. ①小学—班主任工作—文集 Ⅳ. ①G625.1-53

中国版本图书馆CIP数据核字（2021）第272158号

责任编辑 穆玉红 褚 怡
责任校对 贾海霞
责任印制 姜义伟 王思文

出 版 者 中国农业科学技术出版社
北京市中关村南大街 12 号 邮编：100081
电　　话 （010）82106626（编辑室）（010）82109702（发行部）
（010）82109709（读者服务部）
传　　真 （010）82106626
网　　址 http://www.castp.cn
发　　行 各地新华书店
印 刷 者 北京科信印刷有限公司
开　　本 170 mm × 240 mm 1 /16
印　　张 10.75
字　　数 200 千字
版　　次 2021 年 12 月第 1 版 2021 年 12 月第 1 次印刷
定　　价 38.00 元

《金穗班主任》编委会

守正创新　做好新时代的班主任

这是一个急剧变化、飞速发展的时代，在互联网的背景下，老师面对着学生新的需求，面临着各种新的挑战。面对这些变化，班主任需要有新的价值观、新的能力和新的知识结构，才能满足班级管理的全新要求，新时代的班主任工作需要“创新”。

夏丏尊先生在翻译《爱的教育》时说过这样一段话：“教育之没有情感，没有爱，如同池塘没有水一样。没有水，就不成其池塘，没有爱就没有教育。”班主任凭借着对学生的热爱和对教育信念的坚持，相信学生，依靠学生，激发学生，运用不同的班级管理方法都能发展自己、成就学生，这是班主任工作的“守正”，也是我们的初心。

我校一直重视班主任队伍建设，组织引导班主任用爱心、智慧、责任以及精细化的管理，去触及学生的心灵世界，用真挚的情感去温暖学生，启迪智慧，激励他们去追求崇高的理想。

近年来，我校涌现出了一大批优秀班主任，他们努力适应新时代学生的成长需求，更好地帮助学生全面成长。很多班主任获得了“北京市紫金杯班主任”“北京市学生喜爱的班主任”等荣誉称号，很多班集体获得了“北京市优秀班集体”称号。

为了更好展示我校班主任工作成果，学校精选了部分立足实际、理念先进、引人深思的的教育案例，汇编了这本《金穗班主任》。这些案例内容涉及班级建设、家校沟通、教育策略、特殊学生教育、疫情背景下家校共育等。

在班级建设方面，有的班主任通过“给自己画像”“我的新家我做主”“值日班长”等方式建设温暖和谐的班集体；在家校沟通方面，班主任通过亲子共读、关注原生家庭寻找适当办法等方式拉近家校距离，形成教育合力；在教育策略方面，班主任通过精心指导学生合作方法、引导学生上课积极思考举手发言、在特殊学生教育上，班主任倾注了大量的心血，她们用爱滋润学生，用智慧引导学生融入集体、与同伴交流，用专业指导学生提升各种能力。

2020年是不平凡的一年，因为抗击新冠肺炎疫情，学生不能到校，师生只能通过线上联系，完成学习任务。在学生居家学习期间，我校班主任认真反思自己的教育实践，并根据在线教育的特点迅速总结出开展云端班级建设、云端家校合作的新思路和新方法。我校的班级建设和家校协同因线上教育形式的创新性、灵活性和丰富性受到同学们的喜爱和家长的肯定。

从这些优秀的案例中可以看出，我校班主任在完成班级工作的过程中，都指向了最重要的目标——育人。常规管理的终极目标不是班级的秩序和学生的常规管理，而是促成学生从道德他律到自律，实现管理育人的目标；班级文化建设不是班级环境的美化和学生个性的彰显，而是借助班级文化的浸染功能，实现文化育人的目标；班级活动的设计和开展也不是单一的兴趣取向，而是以活动体验为基础，实现学生正确价值观的自主建构；家校沟通更不是简单地促成融洽的家校关系，而是着眼于整合校内外的教育资源，实现协同共育。

因此，新时代的班主任，要不断提升自己的育人智慧，创新班级育人的策略，努力提高班主任立德树人的实效性，做一名不负时代，不负使命，不负学生，不负自我的优秀班主任。

李宁

2021年1月

目录

第一届

第二届

C O N T E N T S

第一届

谱写二重唱　凝聚好班风

蒋俊杰

一、案例描述

刚刚从幼儿园进入到一年级的懵懂期，小小孩童成长为了小小少年，加入了光荣的少先队。小小少先队员们在少先队这个全新的组织中迈出了第一步，如何走好这一步，扣好这人生的第一粒扣子？怎么才能潜移默化的让他们对“集体”有新的认识？“小调皮”“小捣蛋”们能不能快速进入状态，为班集体增光添彩？这些问题时时萦绕在我的脑海里。增强他们的集体自信心、组织感、荣誉感，形成强大的凝聚力，势在必行。

二、案例分析

凝聚力是集体建设的重要起点，凝聚力的强弱关系到一个班级能否健康发展。实践证明，丰富多彩的活动能够激发学生的兴趣，设计有趣又有实效性的活动是班主任老师智慧的表现。用心培养和设计活动对于提升班级凝聚力，效果会非常不错。依据开学初对学生们的观察和研究，我决定开展培养规则和激发主动性的特色活动，于是崭新的班级交响曲悄然拉开了序幕。

三、案例处理

1. 高声部：我给自己画张像

和谐、融洽的人际关系，是形成班级凝聚力的首要条件。进入一年级的新生还无法适应“小学生”的角色：上课时喜欢东张西望，说说小话；有些孩子甚至会在上课时站起来，到教室后面走一圈，或者坐在座位上只顾摆弄书包文具……经过我反复提醒和训练，多数学生有了转变，但还是有三个学生对老师的要求经常充耳不闻。

要把这42个性格各异的“小豆包”拧成一股绳，凝聚成一个整体，作为一名班主任要及时搭建一个增进相互了解的平台，让班级里的每个学生都能相识、相知，快速地融洽关系。于是，我抓住时机组织了一次“我为自己画张像”的班级活动。活动分为“画像”和“评像”两个环节。在“画像”环节中，要求学生们可以在规定的时间内完成画像并修改到自己满意为止，班里这三个调皮的学生也对自己进行了“自画像”。“画像”活动结束后进入到“评像”的环节，每个学生都要对其他同学的画像进行点评，最终评选出你心目中最优秀的8～10幅画像。评选的要求是“画像”和本人必须“像”“实”相符。正如我一开始的预料，学生们最终评选出来的优秀画像里并没有那三个调皮学生的，于是我便抓住时机问他们：“为什么你们的画像没有被评为优秀作品呢？”三个学生摇摇头说不知道，我指着他们“画像”上的小耳朵问：“你们能告诉老师，耳朵的作用是什么呢？”“耳朵是用来听爸爸妈妈话的。”“老师的话也要听。”“耳朵还要听上课铃声！”……三个学生七嘴八舌的谈开了。我适时地提出想法：“对了，耳朵的作用特别大，他们不光能听声音，而且在学校时还需要听老师上课，听铃声，作为一名合格的小学生，可不能让小耳朵发挥不了他们的作用。同学们没有将你们的“画像”评为优秀作品应该也是发现了这个问题，但是我认为随着时间的推移，咱们班的同学一定能够发现你们身上的优点，而且我也相信你们会努力地让自己的小耳朵发挥他们应该有的作用，成为一名合格的小学生。你们说是不是呢？”三个孩子眨眨眼睛看着我，认真地点点头，从他们稚嫩的目光中我感受到现在的班集体在他们心中的地位。

这次“画像”活动成功之处正是基于小学生具有要求上进、希望被关注的心理。“画像”其实也是一个自我展示、自我激励的过程。为了能够更多的得到别人的关注和认可，我观察到每个学生在“画像”的过程中都会积极的“美化”自己，力争把最好的一面展示在别人的面前，都希望能借助自己的“画像”引起老师和同学的关注。活动中三个调皮学生的转变，让他们及班级其他同学明白言行举止要规范，同学之间的关系才能更融洽，班级的整体风貌才能向着积极向上的方向发展。

2. 低声部：我的新家我做主

一个班级要快速形成凝聚力，成为一个有生命力的集体，必须要每一个成员都能找到“家”的感觉，成为班级的主人。因此，组织“我的新家我做主”一系列活动就非常重要了。

“你说我说大家说”先让学生谈一谈进入新家的感受，比如：现实的“新家”与自己心目中的“新家”有什么不同？你喜欢现在的“新家”吗？如果喜欢，你喜欢哪些地方？如果不喜欢，“新家”中的哪些地方你不喜欢？你觉得“新家”里还缺少哪些东西？等一系列的问题。通过畅谈，每个学生都会对“新家”有一个更深的认识。

“我的新家我做主”放手将属于他们的班级交还给学生，让他们根据之前所确立的“新家”创建标准，建设属于自己的“新家”。小到桌椅摆放、绿植的种植、板报的布置，大到班级公约、队徽、队名的制定，我都充分尊重学生的意见，由学生自己协商、设计。随着“新家”系列活动的不断深入，学生们学会了合作、互助、协商、解决问题，慢慢接纳一个属于他们自己的焕然一新的“家”。

四、案例心得

在班级所有活动中，人人都有发言权，人人都有事情做，让每个学生都为建设自己的“新家”出一份力。在共建过程有效的融洽学生间的关系，帮助他们树立互助合作的意识；更为重要的是，通过活动让每个学生都能体会到美好“新家”的来之不易。不知不觉中，集体意识的种子在学生的心中生根、发芽，班级凝聚力也逐步形成。

通过一年多的努力，学生们的表现得到了多方面的肯定和赞许，极大地激发了他们内在的潜力，使他们更加热心地参与班集体的建设。这种良好的班级氛围一旦形成，一个有凝聚力的优秀班集体自然就指日可待了。

五、研究者资料

蒋俊杰　女　教龄18年　班主任年限18年

值日班长制度的难点

杨　璐

一、案例描述

"老师，他迟到了！""老师，他上课总是说话。""老师，他在课间时又追跑打闹了。"……身为一名班主任，相信对于这些话一定不陌生，因为这些话我们每天都会听到无数次，虽然处理过无数次，但是收到的效果却微乎其微。我们常常忙得不可开交，但是班级情况却没有任何好转。面对这种情况，我常常感到自责，难道是自己哪里做得还不够？这个问题一直困扰着我。

假期时，我在重温日本动画片《樱桃小丸子》时被其中一个情节触动了。在这一集中，丸尾和晓子两位班长在班会课上带领同学们一起商议一件事情。在课上，同学们对于班级中的事情非常关心，表现非常积极，站起来发表自己的意见时都能够侃侃而谈。整节课在两位班长的带动下有序地进行着，而最让人意外的是老师只是静静地坐在一旁，全程没有发表自己的任何意见，只是听着大家的讨论，直到大家商议出结果时才说了一句——"那就按大家的意见执行"。

二、案例分析

小丸子和同学们只是三年级的小学生，却能够自主处理班级事务，这不正是我一直在寻找的答案吗？我也开始反思自己日常的班级管理方式。原来我总是事无巨细，统统亲自出马，亲自决定，自己忙得焦头烂额，而学生却是莫名其妙，手足无措，或是隔岸观火，帮不上忙，也不会帮忙。结果"按下葫芦浮起瓢"，效率非常低，最后集烦恼于一身，集怨于一身。因此我决定将权力下放，由集权制向分权制发展。

三、案例处理

在开学初，我就在班级中宣布实行值日班长制度，按学号轮流，每人都要当，轮到谁，便负责班级工作，并且完成工作日志，记录下一天的值日班长体会，总结自己的工作。利用每周五的班会课，由本周的值日班长们组织班会，带领同学们一起解决在值日工作中发现的急需解决的问题，商讨解决方案。学生在听到这项制度时都很好奇，想到自己也能当上干部管别人，每个人都表现得跃跃欲试，尤其是平时总是违反纪律的同学。就这样值日班长制度开始实施了。

第一天，早读铃声已经响了很久，有个同学才走进教室，这是一个经常迟到的同学，我刚要上前批评他，这时值日班长站了起来走到门前。只见他先询问了该同学的迟到原因，然后对这个同学进行了扣章的惩罚。看到这里，这位值日班长的做法不禁让我惊讶，原本我还对这项制度有些不放心，没想到学生的表现让我刮目相看。在接下来的时间，我对班级的日常管理工作真正放下手来。在周五的班会课上，5位值日班长站在讲台前对本周的班级工作进行了总结，并且提出了一个急需解决的问题：怎样解决屡禁不止的烟标问题？这也是让我一直头痛的问题，没想到这些也被同学们看在眼里。于是在值日班长的带领下，同学们各抒己见，首先分析了这个问题出现的原因，以及玩这个游戏的害处，同学们还想出了更多的游戏，丰富大家的课间生活，最后还讨论出如果再次违反规定后的惩罚措施。就这样，这个问题轻松地解决了。

一个学期结束了，班级情况有了明显的变化。一些平时纪律较差的同学通过当值日班长改掉了自己的一些问题，也真正体会到了老师以及班干部的不容易。当值日班长的过程既是为同学服务的过程，也是从觉他到自觉的过程，学生的工作能力得到提高，也增强了学生的集体荣誉感和责任意识，使班级凝聚力不断增强。现在，即使班级中没有老师，班级工作也能在值日班长的带领下顺利地开展。

四、 心得与困惑

值日班长制度并不是一成不变的，在值日班长制度的实施过程中，也需要不断地完善。主要问题如下。

1. 值日班长职责不明确

因为在设置值日班长时，没有对值日班长具体应该负责什么做出明确的规定，所以有时会造成有些班级问题没有及时处理，出现班级混乱的现象；或者值日班长在制止一些同学的行为时，受到同学的质疑：这个不归你管、你管不着，等等，因此常常接到值日班长对一些同学的控诉。当发现这个问题后，我马上带领同学们利用班会课一起解决问题。在同学们的共同讨论下，我们制定出了五（3）班值日班长职责如下。

（1）开、关空气净化器和空调。

（2）记录早读时表现差和表现优秀的同学。

（3）管理迟到的现象。

（4）负责升旗仪式的纪律管理。

（5）提醒、记录课堂纪律。

（6）提醒课间追跑打闹、说脏话、打架、玩烟标的同学。

（7）组织同学洗手、擦桌子，做好吃饭的准备。

（8）提醒同学在大课间时做文明、有意义的游戏。

（9）协助体育委员组织路队，提醒在路队中说话、打闹的同学。

（10）填写工作记录本。

值日班长职责为同学们在担任值日班长时提供了一个抓手，也为他们在管理班级时提供了保障。当然，这只是我们推出的一个初步的职责，今后将会在实践中继续完善值日班长职责。

2. 值日班长能力参差不齐

值日班长制度要求班级人人参与，但是每个同学的管理能力有高有低，有的同学在担任值日班长时，能够出色地完成每项工作。例如，在管理自习时，利用小组评比的方式，明确评比规则，有奖有惩，在这样的管理下，同学们能够安安静静地做自己的事。但是有些同学在担任值日班长时却显得很吃力，当同学违反纪律时，只会一味地惩罚，惩罚个人，惩罚小组。有时值日班长自制力不强，自己还会违反纪律，所以当他在管理同学时常常被质疑，由此恼羞成怒，与同学发生矛盾。

我们针对这个问题开展了一次班会，在班会上，同学们积极讨论，找到解决办法。首先，值日班长应该以身作则。身为值日班长，要在各个方面严格要求自己，为同学们树立榜样，让同学们能够信服；其次，值日班长要善于向能力强的值日班长虚心请教。“三人行必有我师”，值日班长之间要相互交流，相互切磋，借鉴他人的方法，从而丰富自己的管理方法，做一名合格的值日班长。

3. 值日班长管理方法较单一

在执行值日班长制度后，同学们都表现出了极大的热情，但是我发现同学们在担任值日班长时所用的方法基本上都是一样的，无非就是给个人图格（班级设置的个人奖惩制度：若听写全对或受到表扬等由小组长给组员图一个格，若不完成作业或违反纪律等由小组长扣掉一个格，期末进行统计发奖）、给小组盖（扣）章等方式。

为了激发同学们探索管理方法的热情，我在班级中开展了值日班长的评比工作，每周评选出一名最佳值日班长。在荣誉的激励下，同学们之间不仅相互学习，相互借鉴，而且还不断研究，找到适用于自己的一些方法。在值日班长的管理下，班级工作得到了更好的开展。

值日班长制度已经开展了一个学期，每个值日班长对待工作都很负责，但是每周五的总结工作却总是无法顺利开展。当这一周的5名值日班长把自己发现的班级问题提出来，带领大家讨论时，班级就会变得非常混乱。虽然提前已经规定了发言要求，但是在讨论时大家还是你一言我一语，讨论会有时变成了“争论”会，一节课下来一个问题都没有解决，有时还需要老师出来组织纪律。这与我当初在《樱桃小丸子》中看到的景象相差甚远。在接下来的工作中，我将继续和学生共同解决这个问题，争取使值日班长这项制度更加完善，在班级日常管理自主化的道路上越走越远。

五、研究者资料

杨璐　女　31岁　教龄8年　班主任年限8年

如何提高学生课堂积极发言的主动性

孟琳琳

一、案例描述

2013届小学四年级16班总人数39人，其中男生24 人，女生15人。无论哪科老师来上课，课堂发言情况很糟糕。课堂表现为每次都有3～4个孩子举手回答问题，其他同学沉默不语。即使学生是被叫起来回答问题，也很羞涩，要么不出声，要么声音细若蚊足。当面对有错误的问题，学生更不会质疑和讨论，老师们每节课就是一言堂。

二、案例分析

自己的班课堂发言的没几个人，总是尖子生在举手。是什么原因呢？我找到了几个学生进行访谈：①大部分学生是因为换了一位新老师，有了胆怯，产生了害羞的心理，怕自己说错了被笑话；②有一部分学生是真不会，没有自己的思考；③还有几个孩子总爱表现，喜欢霸占课堂。

三、案例处理

究其现象，使我不得不坐下来进行一些反思，考虑一下该如何提高学生课堂发言的积极性。经过反思，我认为：在全面提高学生核心素养的今天，只靠老师讲，没有发挥学生的主动性，不经过互相交流、互相合作，很难得到学生核心素养的提高。那么，如何才能使课堂充满活跃气氛，让大多数学生积极思考、踊跃发表自己的看法呢？只有学生爱积极表现自己的想法，学生才会互相倾听的可能，才有质疑的可能，互相交流的机会就会增加，与人合作的意识和创新的意识才能得到培养。为此我在以下几个方面进行了一些改变。

（一）为学生的发言创造宽松的环境

就教师本人来说，要民主、宽容、随和，以欣赏的眼光评价学生的发言，要让他们知道，不管他们说得是否正确，能站起来发言就是好样的，应为自己敢于发言而自豪。这样，学生在课堂上发言就会心情坦荡，没有什么顾忌。所以我会积极的评价学生：说错了，没关系，只要你敢站起来表达自己的想法，就是有勇气的，值得大家学习。

（二）自信源于鼓励，消除羞涩感

教师要时常找那些具有羞怯感的同学谈心，帮助他们树立信心，战胜自卑。如果这些同学因没有回答好问题而在课堂上受了委屈的话，教师要及时地给予安慰。在班里有一些同学，无论怎么样，就是不开口讲话，给人留下的印象就是无比内向，受到欺负也不会向老师反映情况，所以我格外关注了这样的5个孩子，在批改作业的时候，我就会微笑着说：你写得作业规范、漂亮，你若上课再开口讲话就更好了，老师很喜欢你，相信你一定能做到。我会心一笑，孩子也对我会心一笑。经过多次的鼓励，没想到在一节数学课上，三年都没有在数学课上说话的孩子终于开口讲话了，顿时班里响起了雷鸣般的掌声，我感到无比高兴和兴奋，对孩子说:“老师为你感到无比的骄傲。”在接下来的课堂中，她变得大胆了，上课举手的次数多了，声音比以前响亮了，脸上也露出了发自内心的微笑。正是由于这一个孩子转变了，一个接着一个，正向激励和榜样示范的引领作用使得这类孩子发生了极大的转变，为课堂积极发言起了决定性的作用，其他人也开始悄然模仿。

（三）每节课量化评比课堂积极发言的同学

全班共同制定课堂反思、积极发言评价表，规矩是：无论在什么课上，只要积极发言阐述自己的想法者，都可以得到一枚小贴画作为奖励，发言一次就能得到一枚小贴画，发言多次就多得奖励。每周一总评，评出最佳积极发言者，然后我给拍照留念并颁发表扬信，并在微信群中及时表扬。每当下课后，学生都争相去评价表中贴小贴画作为奖励，获奖的同学在拍照时笑得格外灿烂。

（四）要防止发言权的“垄断”现象

在课堂上，有的学生胆大，思维敏捷，老师一提出问题，抢着发言的总是这些同学。如果教师不注意调控，就会在无形中造成这些同学对话语权的垄断。假如其他同学难以得到发言的机会，久而久之就失去了发言的积极性。我遇到几位尖子生下课来找我，说：“老师，我们老举手，您也不叫我们回答问题，您还给他们积分，真不公平。”我说：“老师知道你们会这个问题，可是若我不能照顾到不爱发言的同学，他们可真的失去信心，就更不爱说了，我也就不知道他们懂不懂了，这样他们的成绩就会差很远，你们愿意看到吗？”经过认真思考后，我与班级中的“活跃分子”约定：“为了照顾班级中的每个同学，让他们都有答题的机会，以后你们举三次手才可获得一次回答问题的权利，如果答题有创意，可以再奖励一次”。这样既限制了这些“活跃分子”的发言频率，又避免了他们的不满情绪，调动了他们的思维向深度发展，更重要的是让大多数同学享有了公平的话语权，使每个同学都感受到课堂发言的乐趣。

四、案例心得

经过这样的坚持，班里近30名同学已经被调动起来课堂发言的积极性，课堂气氛活跃，遇见有争论的问题，大家还会为此激烈地争论，就连其他老师进课堂也为孩子们的进步而喝彩。孩子们自己在主题班会上都会说到自己最大的进步就是爱思考问题，回答问题了。我反思有以下几点。

（1）学生是课堂的主人，只有发挥学生的主动性，课堂才能“死灰复燃”。

（2）追根溯源，多管齐下。班里一类的现象背后必定有原因，要多方面思考问题，治好病因。

（3）和风轻弄，甘露润物，用心浇灌，耐心育苗。

五、案例困惑

（1）若没有量化评比的约束，没有了奖状等精神奖励的激励，真正爱上积极发言的人有多少？

（2）极个别学生什么都“不在乎”——心里到底需要什么，才能做到每位同学都能积极发言。

六、研究者资料

孟琳琳　女　36岁　教龄5年　班主任年限5年

在合作中体验合作

郑　欣

一、案例描述

三年级时，班级的德育教育主题是合作学习，开展了一次合作办手抄报的活动。在合作办手抄报的过程中，发生的小纠纷令人哭笑不得。

班会课上，大家按座位四人一组，兴致勃勃地准备把搜集的资料誊写在A4纸上。可是一节课下来，有三个组都弄哭了成员。

A组有一个很霸道的小姑娘负责美术排版，给自己留了一半的地方画画，却只给一个男孩子留了一句话的地方写名人名言。小男孩据理力争，说自己找了很多，为什么不给自己多一些地方，而且你画的就是一些重复的小草和小花。小男孩把纸拿过来，可小女孩却抢过去，再也不撒手。小男孩眼圈红了。我走过去，问清事情经过后，笑着问小女孩："能不能再重新分配一下版面？"结果小女孩固执己见。我苦笑着决定暂时放手，让他们自己解决矛盾，承担后果。组里其他两个人也笑着摊手，表示无可奈何。

B组是组长提前分工，让一个小女孩带水彩笔，结果小女孩忘带了，组长很生气，要"开除"她，这个小女孩比较软弱，哭得非常伤心。组长非常"冷酷"，不为所动。我问组长："看在她认错态度良好的份儿上，这次能不能借借其他同学的笔用，同时再给她一次机会？"可是组长却不停地强调那个孩子有多不应该。气氛很尴尬，组里其他两个人也"黯然神伤"。

C组里有一个男孩平时就是个懒惰散漫、不讲道理的人。一个小姑娘不愿意和他一组，我说："他也要有同学接纳呀，咱们正巧是一组的，就接受他吧。"小姑娘无奈同意。合作的时候果然出事，男孩子能力最差，自己承担的任务量最少，还非要当组长，女孩本来是众望所归当组长的，却被气哭了。

二、案例分析

A组和B组的小姑娘都强势霸道，不善于体谅他人。C组的男生懒惰散漫，任性自我。平时他们和同学相处的时候，就总是发生矛盾，但他们总是生气抱怨其他人，不能接受批评，不能反思自己。

我又追根溯源，这三个孩子为什么形成这样的性格？跟家庭教育非常有关系。

A组家长对孩子很强势，很简单粗暴，不善于理解孩子，经常和孩子争吵。

B组的家长很强势，热衷于提升孩子的学业成绩，认为自己的孩子最优秀，不满意一些荣誉和机会被其他同学得到。

C组男孩家长是锱铢必较的性格，自己孩子少吃同学一根冰糕，也必须找对方家长，说自己孩子心灵受伤了。

三、案例处理

因为这三个孩子都属于固执自负的孩子，他们更在意荣誉，争强好胜。批评指导对他们无效，让他们体验一次失败，承担一下后果才是最有效的教育。我当时没有硬性压制他们的思想表现，静观其变，顺其自然，决定在总结评价的时候教育他们。

手抄报办完以后，我公布了评比标准，从优秀作品和善于合作两方面投票，都入选的组才能获得金穗合作奖。

大家把自己手中的小贴画纷纷贴在喜欢的手抄报上。第一轮，从作品精美程度方面投票，那三个组都有不少得分。

第二轮，从会合作的角度投票。我让大家讨论一下：“合作票，你会投给什么样的组？”大家纷纷说：

“投给不吵架，不闹矛盾的组；”

“投给分工公平，不霸道，不争抢的组；”

“投给合作特别开心的组；”

“投给人人认真，按时完成的组；”

“投给互帮互助，互相理解关心的组；”

“投给积极献计献策，大家取长补短，都有收获提高的组。”

那三个组的成员明显有些底气不足。大家从他们身边走过，几乎没有人投票给他们。他们三个组里都处于“低气压气场”。强横的B组组长现在情绪低落，很局促。A、C两组引起纠纷的两个人还强自镇定，好像不关自己的事情。

最后，没有悬念，三个组都没能入选金穗作品奖。我让三个组的人说一说自己的思考：“为什么合作奖得票很少？如果再遇到同样的事情，怎么处理？”

那三个同学认识到了问题，喃喃地说了几句，都有些不好意思。

后来，三个孩子都有一些进步。B组小组长在活动中主动邀请她嫌弃的那个组员加入他们组，说明她在反思弥补自己的错误。

A组女生后来对同学能够谦让一些。

C组男生经常发明一些有趣的游戏，吸引男孩子玩，在这个过程中，他有时候还是不遵守规则，但是受到指责后能够有所收敛。

我跟两个女孩子家长谈了这个问题，指出应该在平时跟孩子讲民主和尊重、理解和体谅，孩子耳濡目染，他跟同学也会这样做。

C组男孩家长，我没有跟孩子妈妈沟通，只跟孩子的父亲谈了，但是父亲也很苦恼，对妻子没办法。我决定尽力教育孩子，期望孩子转变。

后来，我在家长会上又跟全体家长谈了这件事情，希望家长朋友们重视孩子交往合作能力的培养，在家庭教育中也要营造一个民主公平，尊重理解，宽松和谐的家庭氛围。

四、心得与困惑

一节课哭了三拨，说明孩子合作过程中，处理人际关系的能力还有待提高。在平时教育过程中，我发现，孩子合作能力参差不齐，有近一半的孩子在合作过程中情绪和品行管理有问题，对他人对自己对班级氛围造成很不好的影响。所以，小学生合作教育是小学教育中的必要内容，对小学生的品行和素质提升以及今后的发展都非常重要。

合作教育的原则和方法可参考如下。

（1）合作教育应该更多是实践体验教育，必须充分给孩子机会和时间让他们合作，在合作过程中让孩子体验，自主总结经验教训，获得合作能力的提高。

（2）学校应该开设家长课堂，家庭对孩子人际交往的影响最大。身教重于言教，家长提升情商，孩子受益。

（3）教师不能怕麻烦，简单直接批评教育，必须问清楚来龙去脉，委婉地解决，尽量让孩子自我教育。

（4）老师必须尊重孩子，不能以权压人，强制接受，让孩子心存怨气。

（5）多评价，多评比，树典型，树榜样，让孩子模仿，让孩子得到肯定和鼓励，使行为更加稳定自觉化。

（6）可以开设合作小故事讲堂，利用故事教育孩子。

总之，合作教育日常生活的各个方面入手。作为教师，要善于为学生创造条件，更要善于抓住教育契机，为学生的健康成长打下坚实的基础。

五、研究者资料

郑欣　女　教龄31年　班主任年限31年

拾起掉落的美好

孙洪涛

一、案例描述

一次班会，两个问题，三句肯定，若能对学生积极转变起到作用，身为其师，知足矣！

阳阳是我们班的一个小男孩，长得不起眼儿，但在班里可是出了名的“淘”。刚刚上一年级时由于对学校还不太熟悉，所以在行为上还是比较收敛。但是随着年龄增长，到了二年级，老师们“特别关注”的对象里就有了他，那些小动作，就如雨后春笋一样不断地冒了出来。“老师，阳阳把墙壁涂脏了”“老师，阳阳拿了我的铅笔”……真是“事事”都离不开他。

一天，同学们陆陆续续离开教室到专业教室去上音乐课，只听教室里“哗啦”一声，希希把水彩笔撒得满地都是。怕耽误孩子们上课，我就让他们下课再收拾。过了一会，下课的铃声响了，只见一个身影嗖地跑进教室，一会儿工夫，那个身影又跑出来，从背景判断那个人是阳阳。我心想，坏了，万一……我赶紧走进教室一看，彩笔确实没了，我赶紧走到希希书桌旁一看，彩笔整齐摆放在桌洞里，一根不差。

二、案例分析

这个结果着实让我意外了，不过也暗暗高兴……经过一番思考，我决定这样做。

三、案例处理

下午的一节课，我在黑板上写下“彩笔掉落之后”。写完刚转身，聪明的同学们就开始抢答了。“老师，我知道您要说什么，同学的彩笔掉了我们要帮忙捡起来。”“不对不对，老师是想说同学有了困难我们要帮忙，这叫互助……”就这样，没等我开口，学生把助人为乐的精神全面地分析了一番，还上升到了社会主义核心价值观的文明、和谐、友善的高度。我看同学们讨论得差不多了，开始提出我的第一个问题："同学们，你们觉得帮助别人的人应该是个怎样的人？写下来，把纸条贴到黑板上。"5分钟过后，黑板上密密麻麻地贴了很多，"有爱心、善良""一定是个优秀的同学"……我的第二个问题开始了："同学们，你们猜，中午的彩笔是谁捡起来的呢？""肯定是班长，因为她平时就爱帮助同学。"这时，班长不好意思地小声说："不是我"。同学们猜来猜去，就快说遍了班里的名字，这时一个声音传来："不会是阳阳吧？"这一句竟激起了波澜，"不可能……""对啊，不可能"同学们的质疑还在继续，我看到阳阳已经把脸憋得通红，做了好事的他竟然不知怎么回答，这时我肯定地宣布，"今天帮助希希捡起彩笔的同学就是阳阳。"我无视同学们惊愕的眼神，接着说："阳阳来说说为什么这么做吧。"阳阳吞吞吐吐地说了几句，我接过他的话继续肯定地说："阳阳主动帮助有困难的同学，你们刚才在黑板上写的话都是对阳阳的肯定与称赞，原来他有这么多的优点，我们真要向他学习呢！"稍微停顿后我继续说"是什么让大家在最开始的时候没有猜到是他呢？"话音一落，大家立刻开口，我马上制止住大家继续说："是因为阳阳同学也遇到了困难，总有一些坏习惯在干扰他。他能帮助有困难的同学，现在他也遇到了困难，大家想想，我们该怎样帮助他呢？"片刻安静地思考后，同学们开始讨论了。我走到阳阳跟前摸着他的头说："你愿意接受同学们的帮助吗？"他的小脸儿依然红通通的，使劲儿地点头："愿意！"我微笑着肯定的对他说："老师相信你，一定能克服掉那些困难的，加油吧！"

这次班会后，在阳阳的各面都多了一位贴身的"小老师"，大家的热心顿时让阳阳感觉幸福极了，再不改掉那些坏毛病都会不好意思呢！一个月后的体育文化节，阳阳代表班级参加了男子长跑，经过他的奋力拼搏，取得了第二名的好成绩，他被同学们簇拥在一起，脸上都乐开了花，站在一旁的我更是欣慰，因为我看到阳阳已经能够在集体中找到自己的位置了……

四、心得与困惑

这个教学故事给了我很大的启发。

（一）发现优点

教师要善于发现学生身上美好的东西，放大他们的闪光点，想方设法帮他们发现优点，表现优点，让学生得到别人的认同和尊重。在帮助学生发现优点的过程中，我还借鉴了魏书生老师的写出二十条优点的方法，让学生以手抄报的形式把自己的二十条优点写出来，有的同学很快完成，有的同学真是绞尽脑汁地想啊，这个过程不也是一种刺激吗？然后在班里让学生把优点大声地读一读，学生的自信心瞬间增加。增加的只是自信心吗？当然不是，还有一种对学生行为的约束呢！他当着大家把自己夸得那么好，以后还好意思犯错吗？

（二）放大优点

教师要对学生平等看待，但对每个学生的标准应该是不一样的。对于某些平时缺点多的学生，我们哪怕发现了学生一点微小的进步，也应及时给予肯定，不应该认为不值得一提，就把点滴进步忽略过去。“星星之火，可以燎原”，优点是可以让缺点转变的。

（三）多些肯定

实践让我懂得，教师一句激励的话语，一个赞美的眼神，一个鼓励的手势……往往能给学生带来意想不到的收获。教师对学生小小的成功、点滴的优点给予赞美，可以强化其获得成功的情绪体验，满足其成就感，进而激发学习动力，培养自信心，促进良好心理品质的形成和发展。

关注细节，发现问题，思考方法，细心感悟，此为用心做教育；以生为本，关注身心，此为心中有人的教育。若能如此，身为其师，无憾矣！

对于阳阳这样的问题学生，这次表扬可能是他转变的一个起点，但是在改变的路上还会有很多很多的问题发生，还要继续探索和研究。

五、研究者资料

孙洪涛　女　39岁　教龄19年　班主任年限19年

以爱润心田

王　瑜

一、案例描述

小霏同学从一年级入学起就表现出过分活跃的状态，平时在课堂上自律性较弱，而且易急躁，常常因为一些小事发脾气，从而影响全班的课堂秩序。我在开学初向家长了解了孩子的成长环境，得知由于父母工作比较忙，孩子从两岁起就上了私立幼儿园，据小霏妈妈描述，孩子在幼儿园基本处于散养状态。小霏入小学以来，也多是奶奶来接送孩子，通过和小霏奶奶的接触，我也了解到小霏父母下午7点多才下班回家，平时多是奶奶负责孩子。

二、案例分析

（1）小霏在幼儿园期间没有养成良好的行为习惯，所以在步入小学后难以适应规律的小学生活。所以应该和家长一起关注孩子，并进行沟通。

（2）由于父母工作原因，老师与家长沟通机会较少，也造成了孩子在校表现无法及时反馈给家长，所以他的不当行为没有得到及时提醒。应建立家校沟通桥梁。

（3）小霏的性格比较外向，并希望得到其他人的关注以及肯定。所以他经常制造一些事情来引起大家的注意。针对这种孩子，要想办法给他展示自己的机会，并适当的让他知道老师对自己的关心。

三、案例处理

（一）处理方法

（1）为了便于和孩子父母进行有效沟通，我和小霏的妈妈协商好每天在记事本上总结孩子的情况。我把学校的表现记录给父母看，孩子父母把他在家中的情况反馈给我，我会把孩子进步的地方尤其写出来，使孩子自己看到也会高兴，更加促进他的进步。同时针对他的不足之处，我和他妈妈都会及时对其进行教育和提醒，让他能够认识到自己的问题并改正。

（2）在班级展示中，我发掘他语言表达的优势，给他安排了角色，他感受到了老师对他的认可，很用心地准备，课间也反复练习，我借机对他进行了表扬，并希望他能继续坚持，取得更大的进步。在排练过程中，他在集体中感受到了存在，从而增强了他的集体荣誉感。

（3）在课间玩棋的过程中，他生气说其他同学都不爱跟他玩，于是连续两天我和他一起观察其他同学的沟通方式，他认识到和同学相处要友好、包容、不急躁、不动手，这样才有更多的同学愿意和他玩。

（二）处理结果

通过一个学期的教育与引导，小霏在规则意识方面有了很大的进步，在课堂和课间都有了一定的改善，而且我们之间的关系更加亲密了，他愿意相信我，和我分享他的想法，在发脾气的时候愿意按照我教的方法控制情绪。在我的课堂上，他能够做到积极举手发言，认真听讲。对于他的变化，我感到很欣慰。

四、心得与困惑

通过对小霏的逐渐接触和了解，我发现他是一个有主见且心思细腻的孩子。比如，他会因为老师让他在课间操站在最后一个位置上而觉得不安，他会因为其他学生不愿意跟他玩而情绪低落。这些都会使他产生偏激行为，导致其他学生更加排斥他，由此形成恶性循环。所以我在集体中要让他感受到自己的价值，更要引导他学会与人沟通和交流。他的自控能力不是很强，这就需要我和家长还有其他老师的沟通，共同来约束帮助他。在下学期我会继续规范他的行为习惯，加强与各科老师的沟通，让各科老师都能感受到他有变好的趋势，这样我们班整体的课堂纪律和氛围也会更好。

同时，在和家长的沟通中我也发现，如果总是沟通孩子的不足之处，也会对家长的心理造成影响。所以在沟通中，要让家长真切地了解到孩子的进步，体会到我们的努力和付出是对孩子有所帮助的，这样他们会有更大的动力来支持配合老师，孩子也会受益更多。

五、研究者资料

王瑜　女　教龄6年　班主任年限6年

用包容唤觉察

纪亚男

一、背景情况

三年级学生小A中等个头，身材匀称，白净的娃娃脸，乌黑的溜圆的黑眼球，长而密的睫毛再配上红唇皓齿，稚气未脱又有一些执拗。

父母、孩子与姥姥、姥爷一起居住。姥爷负责上下学接送，比较宽松。妈妈负责抓学习，比较严厉。爸爸和姥姥几乎没有在孩子上学这件事情上和学校有交集。

二、案例描述

男生小A是我接触过的低年级学生中，外表和实际表现出现较大反差的一个小少年。情绪好的时候，那可爱诚挚的笑脸能够萌翻所有人。情绪稳定的时候，可以安静地坐在那里持续地看书或者折纸，一副两耳不闻窗外事的悠然自得神态。一旦情绪波动，没有风起云涌的开篇，总是毫无征兆地雷嗔电怒，声泪俱下！同学们越来越不喜欢他，作为同龄人，实在不理解他为什么暴怒到咄咄逼人。他是老师们的话题主旋律，因为他不是纠缠不休地矫情，就是不断地说“反话”干扰课堂秩序。家长频繁地被请来学校，认可老师的结论并积极配合。只是最后还是会周而复始。不过，在妈妈和爷爷面前，小A会像温顺的小猫一样，任由教导，毫无异议。

三、案例分析

教学过程中对他感兴趣的内容，只要他想回答、只要他有疑惑，无论对错，不用举手随意开口，大家必须听他说全、说尽，傲慢无礼到极致。如果打断他，后果只有一个，那就是像小婴孩闹觉一样地，哭闹、喊叫！“凭什么！我就要说！”最少也得纠缠3分钟！仿佛已经陶醉在哭闹状态里无法自拔。

最近不知为何，添了新毛病——说“反话”。例如，老师：“大家拿出昨天的作业。”小A：“昨天没留作业。”老师：“小A、小B、小C这些有错的同学需要尽快改正。”小A：“我没错呀！”

四、案例处理

（一）处理方法

1.“冷却法

这是所有方法的重中之重！因为，三年级的孩子已经明辨是非，对与错心中自有答案。老师对待错误的明确态度是学生保持正确选择的航标。但是以往实践证实以集体言论氛围给他施压，会适得其反。舆论压力越大，他的抵抗意识越强，冲出教室、“舌战群儒”，进而互扔东西、粗口伤人的事情都发生过！所以，我所说的“冷却法”不是老师率先否定继而带动集体舆论压制他，让他孤独，而是捕捉他那些有智慧含量的发言、他给同学提供的帮助以及他偶尔知错就改的好态度进行表扬。放大甚至夸张这些优点，同时明确告诉其他孩子——每个孩子都有自己特有的成长节奏，正巧小A的节奏很独特。我以身示范，即使在小A对我没礼貌的时候我还是依然保持礼貌待他。我用包容的态度告诉每一个孩子：没关系，我们不需要和这个时段的小A计较，他会看到我们的接纳并觉察到自己不妥的行为，最终改变。我用坚信固化正确的导向，孤立的是错误的选择，而非小A本人。

2. 留出“缓冲带”

我调整话语方向，以“没关系，我们先开始学习，相信他再过一会儿就能和大家一样了”“别看他现在比你们慢，一会儿就可以追上来，他有这个实力。”这样的表面说给别人听，实际是鼓励小A的语言建设出一条“缓冲带”，让他在说给别人听的言语中觉察到自己向好的内驱力。

3.“学说话”

用适合的措辞覆盖他的反话。“你是想说，如果昨天没留作业，今天就不用上交了”“你是想说，过会儿再把作业放在讲台桌上，顺便给纪老师一个微笑。”“要是这样说就更美好了——请借我一张数学纸好吗？”偶尔他会模仿我再说一次，促使小A觉察到更合理的输出模式。

（二）处理结果

“冷却法”“缓冲带”“学说话”三个方法在调整情绪、体验对比交往效果方面有着显著的促成自我觉察效果。这种包容促觉察的教育方式很适合小A，同时也带动了更多孩子对容纳他人的觉察。

五、案例心得

我觉得小A的表现与独生子女的特征有关系。家里条件优越，孩子从小被过度关注。很多独生子女家庭的关注是不假思索的，缺少需求甄别的。时间久了，孩子反而感觉不到真实。然而，在“说反话”“抢答”“持续发脾气”的时候，他切实感受到了大家的“瞩目”，这是多么有吸引力的感受呀！我的包容让他觉察到自己真正的需要与做法之间的合理关系。让他觉察到在学校里，真正的倾听者——纪老师，用真情在护他向好。

六、案例困惑

有时候我会犹疑——我的包容是否纵容了孩子，羁绊了他快速向好的速度？面对转变慢的孩子，我感到自己的坚持那么渺茫，如何维护好那份执着？我总觉着，跟踪一个孩子到初中或者大学，跟踪到他初步稳定，或许才能坚信自己的方法是否有效、才能更加坚定我的选择。

七、案例研究者

纪亚男　女　46岁　教龄27年　班主任年限27年

特别的“奖品”给特别的你

张继芳

一、基本情况

一年级学生小A，从小由姥姥、姥爷带大，至今也一起居住在一起。姥爷负责照料生活起居和接送他上下学。小A的爸爸经常出差，很少参与孩子的教育。妈妈负责照料生活和学习。

二、案例陈述

“张老师，小A抢同学的奖品，还把音乐教室的琴架砸坏了！”正在判作业的我被学生的“告状声”惊了一下。我停顿了几秒钟心想：这孩子最近表现刚好点，怎么又反复了，脾气还升级了！哎，这就是我们班的小A——一个特别的男孩儿。

刚入学的他，有着和其他同学一样聪慧的头脑，学科知识和道理也都懂得不少，特别之处就是不能遵守规矩，情绪暴躁而且很难控制，他只要稍不顺心，就会哭闹不止，大发雷霆，甚至做出一些出格的举动。例如：开学初我们制定的轮流盛饭的规矩，他就因为不能每次都先盛饭而大哭大闹，还抢吃别人的午餐，甚至往别人的午餐里扔垃圾。又如：手工课上，老师回收发给同学们的陶泥工具，他因为不愿意交而拿着陶泥刀在同学眼前不停挥舞，还用剪刀剪同学的书包，这样的问题屡见不鲜。更让老师头疼的还有每次他犯错误，当老师教育他时，他总有一大堆的理由为自己辩解，有时甚至逃跑根本不听老师的教导。经过了我多半学期“攻坚式”地教育，他总算有些进步，能基本遵守规矩了，可不知这次又为了哪般。

经过了解，原来是每次音乐课上，老师会给带齐用具和表现好的同学盖章，这次是为得章数排在前二十名的同学发奖品，小A因不够资格没得到奖品而大发脾气，进而抢同学的奖品未遂并进一步砸坏琴架。

三、案例分析

对于小A在班级里表现出的一系列不良行为，最初我只认定是家长一味娇宠、纵容，导致孩子因缺乏家教，自私成性。当然这也是他不良行为其中一方面原因。但更主要也是我通过心理学学习发现，他的一些表现正符合幼儿自我为中心的理论范畴。皮亚杰指出儿童在前运算阶段（2～7岁）只会从自己的立场与观点去认识事物，而不能从客观的、他人的立场和观点去认识事物。例如，当自己的汤是热的时，就认为别人的汤也是热的。这种认识上的自我中心与自私意义并不完全相同。皮亚杰还指出儿童的自我中心都是随着动作的逐渐协调而消逝的。通过这一理论，我也在日常生活中多注意观察小A，发现他在一些动作技巧上确实有极度的不协调，例如，不能单腿跳和走路一顺边等。

以上这些理论证据证实，小A还停留在幼儿自我为中心的阶段。大多数孩子对周边人和事物的认识，以及自己应如何适应周边环境，早在幼儿园阶段就有了较准确地认识，至于为什么小A到了入学年龄还没有很好地适应，不良表现又如此突出，与他所生活的独特环境有着密切的关联。他从小由老人带大，父母都不在身边，老人对他是言听计从，百依百顺。上幼儿园时他也因为不合群所表现的特殊而有专门的老师带他，不经常与其他小朋友一起活动和游戏，这诸多方面的因素从而导致了他幼儿自我为中心的过程较长和很难过渡。

四、案例处理

调查了原委后，我没有马上找小A，而是等到下午才把他叫到办公室单独沟通。“小A，你知道我为什么叫你来吗？”“知道，因为我……”他的表述很客观、很清楚没有一句为自己辩解。我听完之后高兴地摸着他的头说：“小A，首先，你今天能到办公室来和老师沟通，就是一个不小的进步，证明你敢面对错误了。其次，你刚才没有为自己的错误找理由，证明你认识到自己的过错了，老师真为你高兴！”他听我没先批评他反而先表扬了他，脸上的表情由颓丧变得有些惊讶。接着，我又继续说：“老师知道你没得到奖品很伤心，我也替你感到遗憾，其实你后半学期已经很有进步了，这是老师和同学都看到的。”当他听到我对他的同情和肯定后，马上哭了起来。我又说：“既然你重视这个奖品，证明你很有上进心，这点也非常好，但你现在平静地想一想，你和得奖的同学比一比，平时在什么事情上做得不如他们呢？”他听后也说了几条自己做得不好的地方。最后我又追问：“班里也有其他同学没得到奖品，他们都决心再争取呢，你有信心下次争取吗？”看得出他是强忍并带着点不情愿地点了点头。看到这儿我话锋一转并从抽屉里拿出了一个奖品对他说：“今天对于你能面对错误、承认错误并决心改掉错误的勇气，我发给你一个特别的奖品。”他一听立刻来了精神，一看这状况我马上补充说：“但还有个任务也要交给你，那就是弥补过错赢得音乐老师和同学的原谅，并用实际行动来改错，能做到吗？”他斩钉截铁地说：“能。”

1. 稳定情绪、给予肯定、表示同情

在与小A的沟通中，我通过《正面管教》一书中“和善与坚定并行”的教育策略与小A交流，避免说教式的管教。例如《正面管教》中提到当矛盾产生时，我们要首先表达对孩子的尊重、同情或理解即和善。我对于小A想得到却没得到奖品，给予了同情和充分理解，也肯定了他之前的努力和进步。这样很容易地拉近了我与小A的距离，让他感受到了我的和善和我们之间平等的交流关系，只有这样他才更容易接受别人的意见。

2. 行为以目的为导向

让小A明确要改正的地方，给了他树立新的努力目标，并让他明白奖品是次要的，真正认识自己的错误并改正错误才是最重要的。

3. 多种形式辅助教育

在心理学和教育学理论的支持下我也在进一步学习影响自我为中心的干扰策略，发现经常沟通和共同游戏就是解决的良方，于是我们开展了通过读故事学会“控制情绪”的活动，我们通过《小熊维尼系列丛书》中的《不气不气》《不恼不恼》《不羞不羞》《不怕不怕》等，使小A在读故事中也与大家一起分享道理，共同成长。

4. 追求归属感和价值感

心理学研究发现，幼儿自我为中心的系数与同伴的关系和与成人的关系密不可分。通过同伴合作和与成人沟通会促使自我中心系数减少，于是我在平日生活中多与小A沟通、谈心并特意安排他做卫生组长，培养他为大家服务的意识。在一系列教育活动中，让我看到了小A表现出的追求归属感和价值感的强烈愿望。他的不良行为也在逐渐减少，这也肯定了我的研究方向并增加了我的信心。

通过我和小A的共同努力，以及全班其他学生为他营造的宽容和谐的学习环境，使小A慢慢理解要规范自己的行为，也在期末被全班同学提名为进步最大的同学。

五、案例心得

回顾对小A的教育过程，是在不断地实践和反思中进行的，作为教师首先要在思想上端正态度。不要想当然、简单粗暴地对待学生所产生的问题，要对于引起学生不良行为的成因进行认真调研、分析，不能武断。另外，教师在对学生的错误行为进行干预时，更要做深入地学习和研究，学生出现的教育问题多数都是心理问题。最后，教师在针对导致问题产生的错综复杂的原因上，除了进行细致的交流和沟通外，还要根据学生特点定制针对性更强的干预措施，才能达到事半功倍的效果。

六、案例困惑

小A的行为还时常反复，并在事发时还总是不能完全控制。这也将是我进一步努力研究的方向。

七、案例研究者

张继芳　女　40岁　教龄18年　班主任年限4年

第二届

关注原生家庭　寻找适当方法

高焕超

一、案例描述

小A，男，一年级学生，户籍北京。平日由母亲和姥姥照顾其生活，离异家庭。小A母亲文化水平较高，在中国银行任职，工作比较繁忙，平日姥姥照顾较多。通过与小A姥姥的沟通得知，孩子的爸爸只在孩子出生的当天见过一面，此后父母离异，便再没有联系，孩子父爱缺失。孩子的父亲是一名军人。在日常与孩子的接触中，小A有时会提起父亲，说爸爸去保卫祖国了，而且孩子对军事知识很感兴趣，可以看出孩子对自己的爸爸还是很在意的。平时在学校，孩子在课堂上表现得注意力不够集中，各科老师反映，经常是课堂进行到一半就在座位上找不到他了，老师布置的任务他也不能认真地去完成。课下，经常追跑打闹，做一些危险游戏。有些同学会说小A在班级中比较淘气。

二、案例分析

针对小A上课注意力不够集中和老师布置的任务不能及时完成这两个问题，我进行了一系列观察和思考。原因可以归结为以下几个方面：首先，孩子还没有养成良好的学习习惯，坐不住。平时在家多由姥姥照顾，孩子有些时候会不听老人的话，而姥姥又出于怕把孩子带不好的心理，对孩子有些娇惯，老人经常会由着孩子的性子。另外老人对孩子习惯培养方面不够重视，缺乏良好的方法，造成了小A在习惯养成方面的一些缺失。其次，小A对老师所讲的内容不感兴趣。一次数学课前，他躲在厕所里不肯定出来，不愿回到教室去上课。在与他的沟通中，我得知他不喜欢数学课，他认为数学课的学习内容没有意思。而且有一些知识，他觉得很简单，已经提前掌握了，就更不愿意听了。最后，小A在课堂上找不到认同感。由于他没有养成良好的习惯，总是管不住自己，因此在一些老师的表扬中总也听不到他的名字。其实他是个很有荣誉感的孩子，也希望听到老师的表扬。总也得不到老师的肯定，他的内心就会更加缺失，因此就会表现得更加不好。

三、案例处理

针对上述的情况及原因，我首先调整了小A的座位。把他由最后一个调整到了第一个，并且座位正对着老师的讲台，老师可以更近距离关注他了。在调整了座位之后，小A在课堂上离开座位的次数变得少了很多，到学期末的时候他基本上一节课都可以坐在自己的座位上了。在课下，我不断地和他聊天，聊他的生活，聊他感兴趣的事，拉近与他的距离，充分赢得他对我的信任。同时我也在各个方面给予他关爱。之后我便对他提出了希望和约定，我对他说："老师特别喜欢你，觉得你是个非常棒的孩子，其实很多时候你也想让老师表扬你，对不对？老师相信你一定可以和大家一样，课堂上认真听讲。只要是努力地去做，课堂上主动地参与，跟随着老师的思路走，你的点滴进步老师都会看得到！都会对你进行表扬的。我会持续的关注你在每门课上的表现的。如果你表现得好，老师就奖励你，请你当我的小老师，给我讲军事知识，你愿意吗？"他欣然接受了。在之后日子，课前我都会提醒他。下课后，我会询问任课老师他的课堂表现如何，也会叫他来自己说说表现，同时也会讲讲老师对他的评价。我跟各科老师持续沟通他的情况，希望老师在课堂上多肯定他，多鼓励他。之后很长一段时间，任课老师都反映他在课堂上表现得非常有进步。而在我的课堂上，我也会用一些简短的语言去提醒他，例如：翻书、写字等，不因语言的啰嗦而引起他的厌烦。同时尽量做到不批评他，当他有点滴进步时，大力表扬他，帮他建立认同感。对于他的进步，我也兑现我的诺言，让他当我的小老师，看得出他非常高兴。

四、案例心得

在与小A的接触中，我深刻地感受到，对于单亲家庭的孩子来说，尤其是这种只能得到父母一方爱的孩子，内心会有一定的缺失。因此在教育的过程中应该付出比别的孩子更多的关爱。无论是在学习上还是在生活中时时刻刻关心他，爱护他。让他首先在情感上对我信任，建立起我与他之间平等的关系。让他能感受到老师不仅有对他的爱还有对他的尊重，亲其师才能信其道。其次，走进孩子的内心世界，从与小A的接触中，他每每提到爸爸都是特别自豪的神情，我想虽然他不能和爸爸见面，但是在心里父亲的分量还是很重的，因此才会对军事特别感兴趣。在平时的教育中，我也正是抓住孩子的兴趣点，对他不断进行激励，以促使他的进步。再有，沟通有技巧。利用《怎么说孩子才会听》一书中的观点，用简单的语言来提醒孩子，孩子平时生活在都是女性的环境之中，家长难免有时会有些唠叨，尤其在孩子不听话的时候。而我利用简短的语言去提醒他，让孩子觉得他做得不好的时候我并没有批评他。当我说出这些词的时候他立刻知道该做些什么，起到了事半功倍的效果。

五、案例困惑

针对孩子平时在学校的表现中，如果出现了反复的情况，还有哪些更为行之有效的办法?

六、案例研究者

高焕超　女　37岁　教龄15年　班主任年限15年

专家评语

对学生与父亲的关系重点研究，分析到位，措施明了。特别是跟进、持续抓落实、注重学(《怎样说孩子才会听》)以致用。

消失的大奖章

董丹丹

一、案例描述

“老师，什么时候盖大奖章啊？”“对啊，今天是周五啦，应该盖大奖章啦！”“我有23个小奖章，这周能换大奖章啦！”……午饭过后，同学们围着老师问着何时盖大奖章，每个周五的午饭后，同学们都迫不及待地希望赶快盖上大奖章。“大家别着急，做完值日后我们就排队盖大奖章。”我拉开放大奖章的抽屉，做好盖章的准备，可是抽屉里的奖章不见了。大奖章一直在抽屉里，怎么可能不见呢？我不停地在抽屉里和书柜上寻找。

小黄说：“老师，您在找什么？我帮您找吧。”孩子的话让我很欣慰，没想到刚刚入学几个月的小娃娃，可以帮助老师了。“咱们班的大奖章没了，大家也帮老师回忆一下，大奖章放在哪了？”小袁说：“老师，托管的时候，小刘拿大奖章了，还拿回座位在本子上盖章。”小卢说：“我也看到了，就是周三上课后托管的时候。”

教室里安静下来，所有人的目光都看向了小刘。“周三托管的时候，拿大奖章了吗？”小刘看着我，坚定地回答：“我动了，但是我放回去了呀！放进抽屉里了。”“可是，抽屉里没有啊，你是不是忘了，在书包里再找一找。”小刘慢慢吞吞地回过头，在书包里翻了一会，冲我摇摇头。这时候，教室里其他同学开始抱怨起来了，“都怪你，不能盖大奖章了”“小刘，都怪你。”

面对其他孩子的指责，小刘趴在桌子上用眼睛一直看着我。“咱们这周先用麦穗章代替吧，同学们来排队盖章吧。”听到我的话，同学们都拿着记事本到前面排队了，在队伍中有学生说：“好可惜啊，大奖章怎么就丢了呢。”脸上写满了遗憾。

二、案例分析

大奖章消失的风波看似平静了，但是事件影响的面积很大，班里的每一个学生都特别关注大奖章到底去哪？有些学生已经开始埋怨小刘，这时候应该小心谨慎地解决这次丢失事件。首先，引导学生不要说小刘是“偷”了大奖章，而是应该告诉孩子，在未经别人允许的情况下我们是不能随便拿他人的东西的。如果需要，我们一定要征得别人的同意。如果随意动他人的物品，会给别人带来很大的麻烦。其次，跟家长取得联系，跟家长达成共识，回家后应该跟孩子充分交流，问清楚他拿大奖章的原因到底是什么？并及时给孩子相应的帮助或解决办法，绝不能简单粗暴地揍孩子一顿了事。那样既不能解决问题，或许还会给孩子心里留下阴影。

三、案例处理

托管的时候，我把小刘留在身边，询问大奖章到底去哪了？“我放抽屉里了，我就放在这个抽屉里了。”我一边拉开抽屉，一边观察小刘的表情，脸上没有一丝的紧张。我当时真的完全相信孩子的话了。“现在，大奖章找不到了，大家都没盖上大奖章，我们都有点遗憾。如果你不随便动大奖章，还会发生今天的事情吗？”小刘羞愧地低下头，小声地回答：“不会，我下次不动了。”“老师相信你，可是大奖章是你弄丢的怎么办？”小刘想了想：“要赔一个，可是这个大奖章去哪买呀？”“犯了错误能勇于改正，还能想到补救的办法，真不错，你回家可以跟妈妈一块想想办法。”

随后跟家长联系告诉她事情的经过，小刘的妈妈第一反应就是：“老师，您搜他的书包了吗？你直接去书包和桌洞里找一找吧。”我耐心地跟家长解释：“我不能去搜孩子的书包，这样太不尊重他了，如果万一真的搜出来，班里的孩子都看着呢，给大家留下什么印象啊。”家长听明白我的解释后，开始询问我奖章在哪买的？具体是什么样子的？家长又忽略了事情的重点，应该回家后询问清楚孩子为什么拿走了大奖章？跟孩子一块寻找解决问题的办法，如果奖章真的丢失了，可以带着孩子一块去想办法。

四、心得与困惑

儿童心理学研究分析，孩子偷拿别人的东西有两种心理因素引起：一是孩子有一种强烈的占有欲望，他对自己感兴趣的东西，充满好奇心，而且很想马上获得。在这种私有欲的引领下，他便悄悄将别人的东西占为己有。另一原因是孩子有一种异乎成人的冒险心理，他们心想，我拿了别人的东西，只有自己知道，别人却不知道，这是多刺激和神秘呀。可见，孩子刚开始偷拿别人的东西，主要是在外界诱因的驱使下，通过自身的心理活动而形成的。要从以下三个方面来帮助学生。

（1）要帮助孩子形成所有权概念，这种概念应该从婴儿期开始培养，不能因为孩子小什么都不懂就随便动孩子的物品，如果拿孩子的东西也要经过允许。

（2）对孩子的需要应适度满足，也不能过分地满足。现在的家庭对孩子的需要往往满足过度，容易造成孩子一种思维习惯：我想要就能有，我想要就得有。孩子的需要如果不能满足，就会出现强占或私拿，这是孩子思维的一个误区。因此在满足孩子的需求时，不能一味地全部满足，有些要求可以让孩子通过努力去实现。

（3）让孩子乐于与家长交流，了解孩子内心的真正想法对于及时发现孩子的问题很重要。

孩子偷拿别人的东西的事件会经常发生，都是一些小东西，这些小东西丢失后学生也不太在意，分不清楚是自己丢了还是别人拿走了，处理起来也比较麻烦。很多家长并不在意，认为我们家里什么都不缺，不可能是自己孩子偷的，家长的不认同会错过教育孩子的机会。

五、研究者资料

董丹丹　女　36岁　教龄13年　班主任年限13年

专家评语

一个完整的案例，集中地讨论了低年级学生对非自己物品占有的行为。结合心理学谈了“偷”的慎用，非常有细节。

在爱的魔力下　她走进了集体

周　颖

一、案例描述

在一年级新生入学培训时，刚上第四节课，就听见菲菲大喊："我要吃饭，我要吃饭"，我走到她面前，安慰、奖励她贴画或严厉批评，她都不理我，一直在重复她要吃饭。由于她的与众不同，让我在第一时间就注意到了与众不同的她——菲菲。

课堂上我正在给同学们讲书本摆放的要求，大家在认真听讲的同时都将课本按要求摆好。而菲菲连课本都没拿出来，只是在那静静地看着天花板，一只手指抠着鼻孔，在那里神游着，周围发生的一切仿佛都与她无关。

我走到她面前，和蔼地对她说："你要认真听课，上课时应该把课本拿出来放到桌面上！"听了我的话后，她没有做出任何反应，依然在那儿望着天花板神游。直觉告诉我，不能单纯地用批评的方法来教育她，否则可能适得其反。后来发生的事情印证了我当时的判断。午餐时，同学们都在吃饭，而她却面对天花板，自言自语地说："我要去公园，我要去看花。"为了不影响孩子吃饭，我耐心地哄她说："好孩子，吃过午饭妈妈就会来接你，带你去公园看花了……"无论我怎么哄她，她的嘴里始终重复着同样的一句话"我要去公园，我要去看花。"随后她起身就跑到教室后面，面贴着墙壁，仍然重复着那句话。无奈之余，我只能请妈妈来配合解决孩子的问题。虽然在妈妈的训斥下，菲菲狼吞虎咽地把午饭吃完了，但她仍旧不理我。

刚开学这几天，菲菲在课堂上总是看着窗外或天花板，对老师提出的要求始终不予理睬，我想可能是还不适应学校生活吧。

通过两周的观察，我发现了菲菲的一些问题：向她提问时，她总是机械地学我说话，而且吐字不清；课间总是一个人坐在座位上，不会像其他小朋友一样开心地玩耍，即使下楼活动，也总是一个人无目的地走来走去，即便小朋友跑步时撞到她，她也不会做出任何反应。然而她却拥有超强的记忆力，我教两三遍的儿歌，她就能基本记住。

看到菲菲的与众不同，放学后我及时向她的妈妈反映了孩子的情况，菲菲妈妈当时并没有说些什么，只是不住地点头。晚上，我收到了菲菲妈妈的电子邮件，在邮件中她向我讲述了菲菲幼儿时期的与众不同，不到两岁认识上千个汉字，家里人都认为她是天才。可是幼儿园却不与任何小朋友玩耍，不参与任何活动，最终被医院确诊为孤独症儿童，但目前通过治疗已有了较大改观，希望我对菲菲严格要求，使她逐渐会适应学校的生活。可是事与愿违，在课堂上我的任何话语对她来说都显得那么苍白，我说什么她都没有任何反应，也不理我。这时，我才真正意识到不能用一般的方法来教育菲菲！

二、案例分析

这件事过后我也进行分析和思考：高尔基曾说过："谁爱孩子，孩子就爱谁，只有爱孩子的人才会教育好孩子。"我在查阅大量资料后，针对菲菲的特点总结出一套方法。我教育其他同学都应该"学会关心，学会爱，学会负责任"，引导同学们尽可能地关心和帮助菲菲，多与她交流。让孩子们知道由于我们的帮助，会让菲菲慢慢地和我们一样，针对菲菲的特点要用爱去温暖她、关注她、帮助她。

三、案例处理

我从语言和人际交往方面的训练入手，帮她克服人际交往的障碍，促进菲菲的社会性发展。在游戏中学会与人交往，并纠正发音。游戏不仅可以使孤独症儿童感受到快乐，慢慢学习与人交往，同时也是关注技能学习的好方法。

（一）在游戏活动中学习交往，并纠正发音和语序的表达

良好的交往能力有利于人心理的健康发展，有利于人的自我意识的发展与完善，有利于人克服困难，并实现人生价值。在孤独症儿童身上，如果没有正确的社会交往干预，会出现意识不到自己的行为后果对他人的影响等。作为孩子，他们与普通孩子的需求是一致的，需要是相通的，只要找到问题的所在，及时干预和弥补，同样可以顺利地促进他们的发展。游戏不仅可以使孤独症儿童感受到快乐，慢慢学习与人交往，同时也是关注技能学习的好方法。

1. 在游戏模仿中，培养人际交往能力

在游戏中关键是语言环境影响，比如菲菲与同龄孩子一起玩耍或和成人一起做游戏。由于孩子以模仿学习为主，游戏时菲菲也会学着同学的样子拍手，说游戏儿歌。但潜移默化的语言影响可在关键时刻表现出来。在家校委员会的小组分配上，我特意把菲菲分到女孩多的那组，组内的女孩很热心，做游戏时从不把她排斥在外，我也和这组组长负责人的妈妈说了菲菲的情况，组内一定多组织活动，活动时更多关注一下菲菲。

2. 游戏角色扮演中，体验他人情感，增进交往能力

通过让孩子们扮演各种不同的角色，体验人与人之间的不同立场、观点与感觉，从而增进人际交往能力。通过与同龄人接触，孩子可以学到团结、竞争等一些基本的社会价值观念。即使伙伴们争吵起来，菲菲会通过与伙伴们辩解、说理和冲突，了解伙伴心中的陌生世界，了解了自己与别人在感受。她经常跟我诉说："XX小朋友跟我们玩时生气了""我们玩游戏时，XX跑来捣乱，我们不高兴"。现在菲菲已经能把同桌说她是马戏团里的小丑这件事告诉我了，并还表示自己不高兴。慢慢地，她不仅学会了让步，而且还获得了成功的体验等。我有意识地引导、鼓励，设法使菲菲体验到在交往中解决矛盾的成功与满足感，从而增进人际交往能力。

3. 游戏中纠正发音和语序表达

我能做的就是帮助孩子创造语言环境，尽量多与孩子讲话，纠正她的发音和语序表达。课堂拼读游戏中，多鼓励与同伴练习拼读音节，课堂同伴纠正菲菲发音，有时我也尽量多关注她们的小组，纠正语序的表达，比如："XX听，我拼zuò。"顺势我纠正她"XX，你听，我会拼读zuò。"课间我纠正菲菲发音。久而久之，菲菲说话时总是撅起小嘴和小朋友交流，把音发准确，听者不再像以前那样猜菲菲在说什么，现在菲菲说的话我们基本能听清音，也能听明白。让孩子在与他人相处中感受对方的关心和帮助，同时也学会避免自我中心主义，培养乐于为他人着想的优秀品质。明白合作和协商的分量，学会让大家认可、让大家接纳。

（二）在描述中掌握人称代词的用法，理解人际关系

1. 在"转述"纠正中，理解人称代词的使用

"转述"是人际交往对话中的一种方式训练。我与菲菲妈妈定期在发电子邮件，通过书信形式来沟通孩子的教育策略和方法，记录菲菲最近情况，和菲菲妈探讨矫正方法及效果，做到心中有数。菲菲分不清"你""她"，只会说"我怎样怎样"，我每天和她聊天时，就会问她"晚上，你妹妹在家做什么事情？你妈妈做了哪些事？她（指陪读的姐姐）又做了哪些事？"，妈妈也会问她"你们班小朋友情况如何？"在菲菲描述时纠正人称代词的使用。训练的一开始，需要经过"明知故问"的转述过程。现在菲菲能准确地说"你"，偶尔能把人称代词"她"说清楚的现象。述说后基本能让听者明白意思。

2. 在"告状"中，理解人际关系、体会他人情感

当班里小朋友抢菲菲的纸时，菲菲没有反应，当楼道小朋友撞到她时，她也没有反应，看到这一现象，我开始教她学会"告状"。"告状"是孩子自我保护的一个手段。教孩子识别什么是侵害行为，情绪因素是告状的内驱力。告状"是在转述的

基础上，更高层次的要求，起初菲菲“告状”是与自己有关的，慢慢地我教菲菲可以“告”与自己无关的事情。家长和老师及时帮孩子解决问题，让孩子感受到“告状”的作用，从而强化“告状”的行为。我训练菲菲从以下几个方面去转述：对物品特征、对事件过程的转述、叙说自己的主观感受和内心感受、转述他人的口头语言。训练转述方法前我还要做好以下工作：和孩子亲近沟通，建立对老师的信任，消除孩子沟通时的胆怯心理，并关注孩子请求沟通的表情和行为特征，当孩子有沟通表情时我会做出积极回应。在教孩子“告状”时，我顺势纠正她表述“谁做了什么”。

（三）在同伴交往中，学会评价，改正不良习惯

首先评价自我，例如，菲菲写的字和语文书范字对比后，评价字写得漂亮，就表扬菲菲中午去操场上玩。其次评价别人。评价别人优点的时候，这其实是人际交往的交互原则的一个相对面。每个人在交往中都希望得到对方的支持和认同，孩子们也一样。在交往中，孩子们总会对向自己示好的一方抱有好感。我教育孩子，既然我们在内心对交往的朋友有这样的要求，对方必然也会对我们提出这样的要求，这就要求我们在期望得到更多的赞美的同时能够去赞美别人，让菲菲学会欣赏别人，引导孩子自我肯定，当她评价对了，我给她发小奖票来鼓励。教孩子学会欣赏别人。对菲菲要有意训练她的社会交往能力，我尽量给她创造与人接触的活动项目。

孤独症儿童就像外星人来到地球一样，不认识这个世界，不理解这个世界。我们训练的目的是要使其回归主流社会，能按正常人一样生活、工作、学习，所以脱离生活去训练孤独症是没有什么意义的。因此，我把重点放在如何让他感受生活，认识生活，感受环境，认识环境，随时随地教，渗入生活中去。

在校我教她一些日常生活交往技能，如：中午吃饭时排队等候，XX小朋友最守纪律，过马路看红绿灯，路队不大声喧哗，另外还要鼓励他们自己解决生活问题，像穿衣服请小朋友帮忙拉上拉锁，脱下衣服请小朋友和自己一起叠衣服等活动，在活动中交流中互相评价谁叠的好。例如菲菲从不吃面食，让她吃时耍赖、发脾气、大哭等。对这些不良倾向我采用一些针对性的措施，对耍赖发脾气不予理睬，引导她跟小朋友学习不挑食。现在菲菲可以吃一个面食（中午食堂加餐样的面食），还说自己是乖孩子，不能发脾气。小朋友看到菲菲进步后都给她小贴画，对她们以分享的方式示好，菲菲逐渐受到欢迎。由于菲菲字认得较多，我建议她带来课外书，中午时给好朋友讲讲故事，虽然不是很精彩，但是她能和小朋友们进行眼神的交流。

（四）学习“打招呼”，提高交往能力

菲菲见到人会不予理睬，有时她不关注是谁从她身边走过。我教菲菲和人打招呼有很多方法。当看到认识的人时，可以笑笑，和他们说：“嗨！”他们可能也说

"嘿！"，也可能停下来说话。有的人可以和他们握手。去看朋友和亲戚时我可以抱抱他们，或轻轻拍拍他们的后背或肩膀。如果我在路上遇到认识的人，我也可以向他挥挥手、笑一笑或是点点头。大家都喜欢我互相微笑，微笑让人快乐。听别人讲话的时候要看着别人，当别人和我讲话的时候，我要注意听。这是一个好行为。看着那个和我讲话的人，可以让那个人知道我在用心听他讲话。久而久之，教她不要总是封闭在自己的精神世界里，更多的关注外界环境。

四、案例心得

孤独症这个大家族的成员有其共性的特点，又有其个性的特点，没有两个完全相同的孤独症，患者的病情不一样，所以要根据具体的情况，选择适当的治疗方法。不能说哪种方法好与坏，只能说适合与不适合。人是要生活在群体当中的，每个人都需要从别人那里获得信息，学习别人的经验，与别人合作和交往。孤独症儿童必须有能力在人群中生活，必须学会一些基本社会技能，这关系到他一生的发展。通过人际交往对孤独症儿童进行行为矫正是最有效的训练方法。孤独症并不可怕，可怕的是爱心、信心和进取心的丧失。只要教师、家长及社会对这些儿童充满爱心和信心，并采取合理的治疗措施，孤独症是可以矫正的，是可以为缺少沟通与交流的孤独症儿童打开了一片广阔天空的。

五、案例困惑

老师要教双班语文，顾及80个孩子的上课，不可能把更多的时间和精力放到他一个人身上；最终造成孩子交往能力提高缓慢。

六、案例研究者

周颖　女　40岁　教龄20年　班主任年限20年

专家评语

一位普通班主任的专业态度和方法帮助孤独症学生。无论在陈述细节还是分析思考都十分准确，提出了普通学校面对特殊学生遇到困境时的可能应对。

我与学生一起转变

尹彩莲

一、案例描述

孩子的转变就仅仅是孩子一个人的转变吗？我们作为教育者，一成不变的眼光是否是阻碍孩子转变的因素之一呢？接受孩子优点的同时老师是否要有足够的心胸接受孩子的缺点？孩子改正缺点的过程，特别是改正顽固的缺点的过程可能是一个漫长的过程，老师在孩子转变的这个过程是否也要随着学生的转变而转变对孩子的看法？在孩子转变的过程中适当“施爱”是否是多种形式？

文文是我们5班44个学生中比较突出的一位，第一次接触，他就给我留下了这样的印象：聪明、脑子活、反应快。随着时间的推移，我发现他虽然上课发言积极、思维敏捷。但他的行为习惯却常令我担忧：争强好胜，对自己过分自信，常惹事生非。当与伙伴发生口角时，他总是据理力争，从不肯吃亏，宽容在他的眼中是懦弱的表现；有时，他违反了班规，我找他谈话，他总是满脸不服气，所谓“歪理十八条”，他是条条有理，总觉得他有点“不听话”。因此，当文文出现在我眼前的时候，我总是静静地观察他的一言一行，看到他那天真无邪充满稚气的脸，我想起了一句话“热爱学生是老师的天职，是做好教育工作的基础”。我暗暗下决心，用自己的爱，去感染他，使他健康地成长。

终于有一天下午，教室里只剩下我和文文。我亲切地询问：“为什么总不接受老师对你的批评，总爱跟我对着干呢？”“你为什么总是指责我呢？”文文还是以他一贯的强硬作风回答我。

听了他的话，我回忆起以前对他的态度，一下子感到我平时对他的指责太多，或许已伤了他的自尊心。教育家爱默生曾说过：“教育成功的秘密在于尊重学生。”的确，我以往对他的教育方法欠妥。我沉默了一下，对他说：“老师以前对你的态度有时是不好，只看到你的不足，常当着大家的面批评你，老师向你道歉。”听了我的话，他脸涨得通红，有点激动地说：“至少我不是个坏孩子。”“那好，我们就来个君子协定，我们互相尊重，你有事我不在同学面前说，咱们私下解决，可你也要做到在同学面前不顶撞我。”文文一声不吭，但我依然可以从他的眼中看到“不信任”三个字。真是个个性极强的孩子！

二、案例分析

在教育教学的过程中，教师总要面对一些问题学生。学生的成长是一个过程，这个过程是阶梯状的，文文成长的阶梯不是我预设的高度，但他也是在成长的呀！我们总说的“榜样的力量”，教师作为学生成长过程中耳濡目染的榜样，却只用固有的眼光看待他，正是我的“一成不变”制约着文文的转变。很多时候我们单方面要求学生，却忽视了孩子转变过程中教师的态度的转变。

文文的故事告诉我们，孩子的转变，不是孩子单方面的转变，应该是孩子个体和周围环境的全方位的转变。

三、案例处理

后来，我们两个人一直遵照约定各自约束自己，常常是只要我和神情激动的文文的眼神对视，文文就会平静下来，看得出来他在努力约束自己。相安无事了一段时间，这一天，同学东东慌张地跑来办公室告诉我成成的胳膊被人抓伤了，很严重。听到这个消息，我的气一下就上来了，腾地站起来，快步到教室，看见伤心哭泣的成成旁边站着不知所措的文文，我心里那叫一个火呀：这才好了几天就又回老样子了。我刚要训斥文文，只听文文说：“老师，我刚帮他处理了一下伤口，应该没事了！”话音刚落我立刻意识到自己的问题，都不知道事情的经过就指责他，真正“狗改不了吃屎”的是我，我努力调整自己的情绪，问明事情的经过，原来是旭旭抓伤了成成，文文是解决矛盾的人，他把打架的两个人拉开并帮助成成处理伤口。听着他的叙述，我的心里很内疚。为我的鲁莽，为我的不守诚信……

回家的路上，我在想：对学生的尊重和信赖不应该是口头上的一句话，文文今天真的是给我上了一节课，在这件事情上他是我的老师。文文把信任给了我，我应该也把信任给他，互相尊重和信任才能成为良师益友，学生才能亲其师，信其道，而学其理。反思完后，我也发生了大的变化，我对文文的看法不再是静止的而是变化的了。他的变化加上我的变化，互相促进，螺旋上升，最终文文的变化被固化了，文文真正完成了一个转变。后来，我了解到他十分喜爱书法篆刻。我就给他在同学面前展示自己的机会。当我们把他的作品集结在班级展出的时候，我看到他满脸笑容十分自豪的样子，我也感到欣慰了。

四、案例心得

1. 教师要满怀爱心，尊重问题学生

高尔基曾说过："谁爱孩子，孩子就爱谁。只有爱孩子的人，他才可以教育孩子。"没有孩子天生就是坏孩子。许多问题学生的产生，往往是家庭、学校、社会、自身等多种复杂因素作用的结果。有人说，犯错是孩子的权利。这句话告诉我们：学生犯错是正常的，我们要理智地对待学生的错误。问题学生平时往往受到较多的歧视，他们的自尊心受到较大的伤害，很容易自暴自弃。因此，要转化他们，教师就要多尊重、多关爱、多鼓励，走进问题学生封闭的内心世界，帮助他们打开尘封已久的心灵之门。文文的这件事让我真正静下心来反思了自己的教育方式。文文变化了，我作为一个长者，一个教育者却停留在过去的老印象了没有变化，没有给他足够的信任、爱、时间。只有建立在关爱、尊重和理解基础上的教育，才是真正意义上的教育，才能使教育不断走向成功。

2. 教师必须细心，敏锐捕捉闪光点，把握最佳的教育时机，发展地看学生

每个人都渴望得到别人的欣赏。法国艺术家罗丹说过："生活中不是缺少美，而是缺少发现美的眼睛。"同样，问题生不是缺乏闪光点，而是缺乏教师注视的眼睛。积极的饱含期望的暗示和期待，对学生是一剂营养丰富的心灵良方。挖掘闪光点，及时肯定点滴进步，促进飞跃点成为转化问题学生的成功经验。我们在批评问题学生的错误之前，应针对孩子的进步程度，作出相应的反馈，真诚地赞扬他的进步，或者巧妙地用赞扬进步代替批评不足。教师应该用"放大镜""显微镜"关注学生取得的每一点进步。在发现了闪光点之后，还应千方百计让学生的闪光点有用武之地，使学生的自尊心、上进心得到强化，在学生转变的过程中用发展的眼光看待学生，根据学生不同阶段的表现，回馈学生不同的信息，从而进一步激发巩固正能量，鼓足前进的勇气，形成良性循环，得以不断再提高。

3. 教师要具备静待花开的耐心，给问题学生转变的时间，耐心沟通，顺势引导

问题学生并非不可救药，他们其实都是迟开的蓓蕾，也有自己的天赋，都有极大的潜能。但是，坏孩子不是一天变坏的，好孩子也不是一天就能变好的。有人说，教育是慢的艺术。问题学生的转化是一个漫长而反复的过程，我们不要奢望一朝一夕、一招一式就能让学生发生翻天覆地的变化。我们的教育是在点点滴滴的积累中潜移默化地影响着学生的心灵，改变着学生的行为。无论多么高明的教育，都很难收到立竿见影的效果。这就要求教师在教育问题学生时，针对他们的缺点反复抓，抓反复，在学生心中逐渐积累积极的因素，因势利导，最终水到渠成。

五、案例困惑

因为工作的超负荷，87个学生，我常没有时间针对个案制定较为细致、有效的教育方案。常常无法静待花开，所以我更多的时间会是利用集体的力量教育学生，常常会忽略有强烈个性的孩子的成长，我常常在“集体与个体”间徘徊。累！

六、案例研究者

尹彩莲　女　49岁　班主任年限30年

专家评语

一个十分真实有细节的案例，转承启合有思考、有行动、有归纳、有检讨。爱心、细心、耐心道出为师的真谛。

“穿袜子”事件

张海珍

一、案例描述

丫丫，10岁女孩，小学二年级。她出生在一个高知家庭，爷爷奶奶都是大学教授，父母也是大学老师。丫丫在4岁时被诊断为中度自闭症。

和丫丫第一次接触是2017年8月26日，至今已有一年半的时间。通过接触，我对丫丫有了一定的了解。她不善于表达内心情绪，遇到不快乐或者不如意的事情，就会大吵大闹，甚至动手去攻击别人，以表达心中的不满。尤为严重的是她的刻板行为：她会长时间关注一种或者几种活动，不愿改变原来形成的习惯及生活规律。

临近冬至，天气寒冷。上操时，大家都把自己裹得严严实实。我走在队伍中，眼前一愣，只见丫丫露着大脚脖子，仔细一看，原来她没有穿袜子。我轻声和她说：“你怎么不穿袜子？多冷啊！明天把袜子穿上”。第二天，我依旧发现她没有穿袜子，脚脖子还露在外面。我有点生气地说：“昨天不是提醒你穿袜子了吗？今天怎么还不穿？”她看都没看我一眼，好像我说的话和她没有关系。回到办公室，我一边倒着热水一边和办公室的老师们唠叨着：“丫丫妈妈怎么回事？真不负责任，这么冷的天气也不给孩子穿袜子……”我越说越生气，拿起电话给她妈妈打过去。我不容对方说话，一通责怪，并用命令的口吻说：“明天别忘给孩子穿上袜子”。第三天早上，我特意找到丫丫，让我万万没想到的是：丫丫又没有穿袜子。这回真把我气坏了。我强压着心中的怒火，准备和她妈妈好好谈谈。

二、案例分析

让我没想到的是，丫丫从两岁开始就不穿袜子。家里尝试过很多办法，都无济于事。她妈妈边哭边说：“这孩子只要一穿袜子就会闹情绪，大哭大闹、摔东西、甚至还动手打人，实在是没有办法”。从她的话语中我看到了心疼和无奈。

难道就让她一辈子不穿袜子？不知哪里来的勇气，我要试一试。从她妈妈那里得知：在她两岁时，由于穿的袜子袜口儿紧，勒脚脖子，她又不会表达，就开始闹情绪，大哭大闹。从此以后，她就不穿袜子了。

三、案例处理

怎样让丫丫穿上袜子呢？我翻阅了一些书籍，都是一些理论知识，而我需要一个拿来就用的有效办法。书中没有找到答案，我没有放弃。丫丫虽然不会表达，不知怎样和别人相处，但她喜欢和小伙伴们在一起，而且很听小伙伴的话儿。再有，她对我也十分信任。抓住这两点，我采取了以下的连环“攻击”。

（一）说

我让小伙伴们去和她沟通，告诉她：不穿袜子冷，会把脚冻坏，生病的。几个小伙伴不厌其烦地和她说，她不仅没有烦，反而还享受其中。我问丫丫：“同学们说的话，你听懂了吗？重复一遍”。她自言自语说道：“要穿袜子，不穿袜子会生病、打针、吃药”。看来她听懂了大家的话，但我还不放心。

（二）看

为了进一步强化，我和同学们都掀起裤脚，让她看一看我们每个人穿的袜子。然后又问她：“你穿袜子吗”？她竟然高兴地说：“穿袜子，穿袜子”。为了鼓励她，我向大家使了个眼色，大家都不约而同地向她伸出了大拇指夸她“棒”。我们期待她说到做到。

（三）做

事前和丫丫妈妈沟通好，在她书包里放了一双袜子。我们大家带着丫丫一起穿袜子。先给她做示范，她看得很认真，没想到，她能自己很快地穿好袜子。还高兴地大叫：“丫丫也穿袜子了，丫丫不冷了”。

我把这段视频发给了她的妈妈，她的妈妈激动地哭了。

从此，丫丫也穿上了袜子。

四、案例心得

一件件小事，让我对特教工作有了更大的信心。我在不断地摸索，在尝试中进步。每一次都会经历着尝试、否定、不断的否定，然后再肯定的过程。

对于这些孩子，她们将来如何，很大程度决定于引领她们的人。对于她们，最重要的不是学会多少知识，而是引导他们去养成属于自己的自我、去表达自己的想法、跟别人交流、接受别人正确的观点，尽可能融入人群中。

即使她们来自另一个星球，我们大家也要帮助她们找到回家的路。

五、案例困惑

本人对特殊教育还不太专业，工作中还很茫然。

六、案例研究者

张海珍　女　45岁　教龄26年　班主任年限26年

专家评语

用事件做题目十分醒目。说、看、做三部曲满满专业性，也极具画面感。穿上的不只是一双袜子，而是教师爱心与专业能力的全情体现。

声音变化的力量

井　印

一、案例描述

“你说话能大点声吗！我听不见，很多同学也听不见，大声再说一次！”这是老师和小李的对话，这种对话出现过很多次，以至于后来老师每次都走到她的跟前，才能听清她的讲话。

小李是一个四年级女孩儿，她的父亲是一位律师，母亲是一位公司职员，一家都是北京本地人。见到小李的第一个印象就是特别文静，一点儿也不张扬。经过一个时间了解之后，发现她的学习能力不错，也愿意跟同学交往。但是有一个问题就是说话音量太小了，本来上课就不怎么发言，轮到她说话的时候，音量特别小，以至于老师要让她大声再说几遍才能听清楚，而且课间休息也从来不主动跟老师说话、聊天。后来因为听不清她在说什么，有好几次都很生气，也曾经因此批评过几次，相当一段时间没有任何改观，不禁感到很困惑。

我跟班里其他同学了解到的情况是，几乎从一年级开始，她就这样，说话一直音量很小，尤其是上课发言或者跟老师讲话的时候，音量更低。而私底下跟好朋友说话聊天的时候没有太大的问题，能够正常交流，声音可以听清楚。

为此我就找到家长，想了解更多的情况。从家长那里得知，在家说话音量没问题，跟熟识的人说话也没问题。那为什么上课发言或跟老师说话声音那么小，显得非常胆小似的？家长推测可能是对老师的惧怕或者对自己的能力缺乏自信。另外还得到了一个消息就是她从小学芭蕾舞，坚持了好几年，现在也是学校舞蹈社团的成员。

二、案例分析

根据以上的情况，结合她日常的表现，能够明显地看出，小李各科的学习成绩优秀，实践能力也不错，各方面的能力正常或者说是某些方面很棒。她说话音量小的主要原因就是对自己能力的认知程度不够，不相信自己的能力。另外由于原来在课上就不爱发言，所以缺乏在大家面前说话的勇气。最后就是对老师或多或少存在惧怕的心理，老师越跟她大声说话，越是批评她，她就越是惧怕，就更不敢大声说话了。所以要想让她大声回答问题，敢于在大家面前表达自己的想法，就要从以上三个方面着手，还有就是要充分尊重她，本来就不自信，要维护她原本就不多的自尊心。

三、案例处理

为了改变小李的说话声音小的问题，我就随时关注着小李的一举一动。观察几天之后，我发现她还是很关注别人和老师聊天的内容的，眼神时不时地看过来，也有时跟着高兴。

选个机会我找到了小李，当面跟她交流，询问她的想法。问她老师是不是让她感到很害怕？她回答不是，我又跟她说："根据老师的判断，你的学习能力一点儿问题都没有，完全有能力解答课上老师和同学们提出的问题，我看得出来你能正确回答老师的问题，老师相信你的能力，也希望你也相信你自己能够大声表达自己的想法。我们大家都特别相信你，你明白吗？"她看着我，点了点头。"既然这样，你能不能自信一点儿，并且让大家看到你非常自信？"她又点了点头。

以后的每节课遇到比较简单的问题的时候，我会让小李来回答，并且告诉她别着急，慢慢说，大点声，也提醒大家认真听，慢慢地，她能够让大家听到自己的声音了，但是自信心还是不足。

课间和学生们聊天的时候，有一搭没一搭的就和她说几句，先从简单的你是不是也这样觉得？你有过这样的经历吗？你喜欢这个吗？经过一段时间之后，她能够和大家一样，能够走到老师的身边，不再惧怕。

在准备元旦联欢时，我就找到了小李，希望她能在联欢会上为大家跳一段舞，展示一下自己的才艺，她一开始没答应。我紧跟着说，你学舞蹈这么久了，爸爸妈妈和老师都相信你一定可以的，大家也都期待着你的表演。距离联欢还有几天，时间完全来得及，你还可以抽空多练练。她点了点头。元旦联欢的时候，她从容地上场，表演的特别精彩，获得了全场热烈的掌声，很多同学都特别欣赏她。她的脸上也露出了自信的笑容。

时间过得很快，一个学期过去了，老师和同学们都发现，小李课上说话声音很洪亮了，也能够主动跟老师说话了，整个人充满了自信。

四、案例心得

说话声音的大小，看似一个不起眼的问题，或者是很多人漠不关心的问题，但这个问题反映的是自我认知、自信心的问题，对自己能力的认知不充分，进而没有自信心，有可能会影响人际交往。作为一个老师，发现学生的问题，就应当想办法帮助学生去解决，帮助她找回自信。找回自信的前提是对她本人观察、分析的基础上，找到切入点，比如从特长、关注大家的交流、活动。越早解决问题，就越早受益。音量的变化，带给了小李无限的力量，这种力量让小李对待任何事都充满自信，并且能够坚持不懈的努力，终有更加丰硕的成果。

五、案例研究者

井印　男　教龄14年　班主任年限14年

专家评语

从不起眼的说话声音入手，深入分析学生心理，同样从小处着手帮助改变。案例行文流畅简洁，心得归纳有原理。

孩子，我愿意听你说

刘梦璐

一、案例描述

小蔡是一个很腼腆的男生，与同班同学相比，他与同学之间的交往、个人自主能力都相对弱一些。小蔡与爷爷奶奶、爸爸妈妈一起生活，平时父母工作繁忙，照顾孩子的任务基本上都由爷爷奶奶来负责，爸爸妈妈下班早一些，会亲自辅导孩子的功课，但机会很少。小蔡的爸爸妈妈都是高知，有着良好的工作，两人也十分恩爱。但自从小蔡上学后，表现出了很多不适应自主学习和生活的表现，使得爸爸妈妈十分头疼。为此，我多次找小蔡的父母和爷爷奶奶聊孩子的问题，但是爷爷奶奶的过度溺爱，让他们始终不肯放手让孩子尝试自主处理问题。过多的照顾，让小蔡的自主能力到现在进步甚微。爸爸妈妈为此也和爷爷奶奶开过"家庭会议"，但两代人的教育理念始终不能达成一致。

二、案例分析

"老师，小蔡刚才课上的时候拿笔划我的裤子，我问他为什么，他还不理我！"小馨委屈地说着。

听完小馨的话，我抬头望了望蜷缩在座位上的小蔡，他依旧还是那样，把手指塞到嘴巴里，不停地吮吸着手指，一副惶恐的样子，低着头时不时地抬眼看看我。我知道，他已经知道自己做了错事。一年来和小蔡的接触，让我已经从他的一个小小的眼神中就能看出他的小心思。

小馨告诉我的时候，正好是放学时段，同学们一个个都在收拾书包，而我要赶紧组织值日生做值日，还要催促同学们出门排队，准备放学。时间紧张，我便和小馨说："小馨，你的事情我知道了，可以给老师一些时间，咱们放学后好好说一说吗？老师一定会好好处理这件事情的。"小馨是个很懂事的孩子，马上乖乖地去收拾书包了。但这时小蔡的情绪还没有平复。

三、案例处理

放学后，我把小馨和小蔡以及他们的家长留了下来，准备好好地解决一下这件事情，小馨和小蔡的家长也十分配合我的工作，默默地在旁边看着老师解决两个孩子的事情。

我先问小馨事情发生的经过，小馨说课上她选完体育委员之后，坐回座位什么都没做，小蔡就突然拿笔狠狠地在她的腿上划了一笔。我看了看小馨的腿，洁白的裤子上有一道明显的红笔印。其实类似的事情，小蔡一年级的时候也时常发生，但是今天小蔡的表情不同，他一直皱着眉头，一副委屈的样子，我知道，他一定有别的原因。小蔡的姥姥听到小馨说的话，马上就对小蔡说："小蔡，你又讨厌了，快跟小馨说对不起。"然后又连忙走到小馨的旁边说："小馨，你是个懂事的孩子，别跟小蔡计较，姥姥替他跟你道个歉，姥姥回家一定好好说他。"小馨马上就说自己已经原谅了小蔡，小馨的姥爷也说两个孩子闹别扭很正常，原谅了就还能成为好朋友，没有关系。两个家长把事情像是完美地解决了，但是当我回头看小蔡的时候，他的模样告诉我，这件事情并不是一个简单的恶作剧。

我走到了小蔡身边，对他说："小蔡，刘老师知道这个学期你在管理自己方面进步很大，老师和爸爸妈妈都看在眼里，今天发生的事情一定有原因的，你愿意告诉老师吗？"小蔡悄悄抬起头，小心地看了一眼周围，发现我们大家都在围着他，注视着他，他显然有些害怕，转动了一下身子，又把手指放到了嘴里。我连忙拦住了他，并用自己的身体替他挡住了其他人的目光，弯下腰又说："老师帮你挡住他们，你悄悄告诉刘老师，刘老师看看，可不可以帮你解决？"

小蔡往我怀里挪了一步，磕磕巴巴地对我说："我想让小馨当班长，可是她自己却选择放弃班长，选了体育委员，我觉得对她不好。"我接着问，"那你是在替小馨感到可惜吗？"小蔡点了点头。原来，小蔡是因为小馨自动放弃自己班长的职位，主动担任班里的体育委员这件事而难过，觉得小馨做出这样的选择实在是可惜，因此小蔡不高兴，用笔划了小馨一下。

问清了原因，我的心像突然升起了一轮朝霞，温暖又激动。我摸了摸小蔡的头，说："小蔡，你为你的好朋友着想，老师真高兴。但是，你想说的话，用笔划小馨的腿来表达，你看小馨明白你的意思吗？"小蔡把手指从嘴巴里拿了出来，摇了摇头。"那你觉得，怎样能让小馨懂得你的意思呢？"小蔡安静了下来，想了想说："我应该告诉她我的想法。"我开心地鼓了鼓掌，说："你看，你越来越懂事啦，马上就明白了该如何正确去和同学交流自己的想法。那你现在愿意和小馨重新说一遍吗？”小蔡微笑地点了点头，这一次，他大大方方地走到了小馨面前，告诉了小馨自己的想法。两个孩子又开心地笑了。

四、案例心得

每个孩子的发育水平都是不一样的，他们在面对事件发生时会用不同的方式来表达自己的想法。有些可能难以理解，甚至是用错误的行为方式在表达。在这个时候，我们不能一味地按照成人的思维方式去判断他是否是恶意为之。就像小蔡同学，他不会去表达，用了错误的方式，伤害到了同学。如果不等他说出自己的真实想法，或许小蔡再也不会愿意去说，也不会学会怎么去真实的表达自己的想法。

作为班主任，我们应蹲在孩子身边，用他们的视角去回看事件过程，懂得孩子真实想法，在共情之后，再采取合适的方式引导孩子发现自己的问题，并尝试找到正确的解决方式，才能让他们欣然接受自己的错误，以积极的心态改正错误，学会正确的处理问题方法。

五、案例研究者

刘梦璐　女　30岁　教龄7年　班主任年限7年

专家评语

好的案例就是讲述中完成了理念的传达，在细节中彰显功力，以有画面感的文字描述，发现是班主任的基本功。

随时爆发的坏脾气

王 爽

一、案例描述

上学期新接的班里，有个小A同学。他很聪明，学习成绩比较优秀，但是很多同学都不愿意接近他。在接下来的一个月里，他几乎每周和同学都会发生打架、吵架之类的事情，告状声不断。经过每次调节了解到，小A的脾气不好，他很多时候不能准确理解别人的意图，总是抱有敌意的去看待身边的同学。很多事情他不能正确处理，一点小事情就能激怒他，导致他大吼大叫，摔桌子摔椅子，控制不住自己，发很大的脾气。这时候很多同学看到他这个样子都很害怕，没有人去劝阻他安慰他，而是都躲得远远的。我和他耐心谈了很多次，他每次都认同我的说法、想法，也表示以后会控制一下自己的脾气。

但随后的一件事情，让我真正见识了他的暴脾气，也让我陷入了深深的思考中。数学课堂上，我正讲着课，忽然听见桌椅撞击的声音，我一看，原来是小A与坐在他前面的一个女生闹矛盾，他搬着桌子使劲撞击前面女生的椅子。我赶紧走过去，询问原因，他又像以往那样情绪激动，说话语速特别快，我一个字也没听清。我就又让前面的女孩说事情的原因。大概是因为小A掉到地上一张纸，前面的女生捡了起来，问他还要不要？小A说："不要了"。于是女生在纸上写上了字，小A看到后又说"我还想要那张纸呢"，让那个女生赔他一张，那个女生不赔他，他就发怒了，开始撞击前面女生的椅子。我让他俩暂时安静下来，因为在上课、不能打扰大家听讲。下课后，我把他俩叫到教室前面，为他俩分析原因，进行调解。我责怪小A不能说话不算数，说了不要，就不能反悔了。但是他说，他一开始就说的是还要，是女生没听清楚。女生坚持说，小A一开始就说的不要。公说公有理，婆说婆有理，我只能双方互相劝慰，对待同学要包容大度，不能斤斤计较等。这时候小A突然哭着大声喊"为什么每次都批评我，都是我的不对，老师偏心！"我听完后很生气，明明是他也有做得不对的地方，难道还不能说了吗？这么耐心地给他们做调解，他还不能理解老师的一片良苦用心。我生气地对他说："你做得不对难道老师还不能说嘛？你觉得老师还得表扬你吗？你想让老师怎么做？"话音刚落，他突然走到教室的门旁边开始摔门，我赶紧想过去制止他，其他同学劝我说："老师，你别管他了，他现在正生着气，你管他，他也不会听的。""那门摔坏了怎么办？今天他摔门，明天也许就会摔人？"同学们听了，不说话了。我制止他的时候，他突然哭着跑出了门外。

我当时都傻了，从没见过这样的孩子，当我回过神来赶紧让其他同学去追，同学们在学校转了一圈都纷纷表示没有看到他。这时我别提多焦虑担心了。万一他出现意外怎么办？各种不好的想法在脑子中冒出来。上课铃响了，我焦急的等待看他是否能回教室。还好，在所有人都回班后，他最后一个慢腾腾地走了回来。我的心落了地，心想：这次一定更加耐心地和他沟通，必须要找到他这个暴脾气的由来。

二、案例分析

经过和他不断地沟通和交流，发现他的坏脾气和他的家庭环境有着密不可分的关系。他父母离婚了，他和弟弟都由妈妈来抚养，妈妈在一个公司做财务工作，平时很忙，基本也没时间管他们，就让姥姥来照顾他们。因为弟弟比他小五岁，还在上幼儿园，所以姥姥对弟弟照顾得就多一些，很多时候忽略了他的感受。他就有时候做一些不寻常的举动来引起大人的注意和关心，慢慢地就养成了要把小事扩大化处理的行为方式。还时候是因为他在学校或者家里有了情绪没有人能发现，或者没有及时疏导他的情绪，然后换了一个环境，他又遇到了事情，这个时候积累下来的情绪就会爆发出来了。如果缺乏处理自己当下情绪的能力，很容易后来因为一点事情就会产生情绪大爆发。

三、案例处理

面对这样的孩子，该怎么办呢？我查阅了很多资料，也请教了一些有经验的老师，再加上我各种方法的尝试，总结出来一些方法。总的来说就是要随时随地细心仔细观察，找到暴脾气孩子发脾气时候的导火索。如果仔细观察，就会发现，孩子发脾气的原因其实都是有固定模式的。小A因为说话语速快，很多时候就是因为他说完某个事情后，其他同学没听懂，误解了他的意识，他就很着急很恼火。我把这个情况和其他同学说了，要大家没听清的时候一定要耐心多询问小A，尽量少误解他。告诉小A说话时候别着急，慢慢说，说清楚，发现别人没听清楚后，要主动多说几遍。这样就能够在他的脾气爆发之前开始做降温的动作，在了解了他情绪爆发的导火索之后呢，接下来我还注意了以下几点。

第一，将心比心。其实就是换位思考的意思。遇到事情多站在对方的角度思考问题，并多问几句“为什么？”以便了解事情的来龙去脉。

第二，界定问题。遇到问题先不要着急跟孩子讨论立场的问题。这样很容易把双方分为对立面。两个人特别难受的时候，情绪自然不好，处理事情自然会暴躁。争取想办法从立场的讨论，转移到两个人对这个事情想法上的讨论上，得出的结论往往才能客观，容易接受。

第三，遇到事情邀请孩子来想一想有什么好的解决方案，这个其实是在锻炼孩子，找到替代方案的能力，这么做就会增加孩子的灵活度以及抗挫能力，培养孩子去思考。如果孩子一下子找不到方案，大人可以给一些选择题，先代替他思考，让他可以在一些可行的方案当中找一个他觉得最好的方式，这时就成功的帮助孩子提高了面对状况的能力。

四、案例心得

通过解决小A的事情，帮助小A控制脾气，我深深地觉得任何事情都有它的来由，任何一个学生不好的行为习惯都有它的根源。我们老师要耐心的先做一个听众，然后再寻找问题的由来，想出解决问题的办法。最重要的还要不气不馁，各种方法轮换使用，坚信终能找到一个解决问题的办法。

五、案例研究者

王爽　女　37岁　教龄14年　班主任年限12年

专家评语

细节陈述平实，措施论述简练，对照自我深刻。唯一不足是小A跑了那一段，并未交待去哪里了。

“暴躁”背后那颗柔软的心

田　旭

一、案例描述

在我刚接班时，小博是一个脾气暴躁的男孩，经常与同学发生矛盾，一点小纠纷就上手，即使在课堂上，如果哪里惹他不满，他下座位就追着同学拳打脚踢，甚至蹬椅上桌，对老师乃至校领导大吼大叫，同学们对他都是敢怒不敢言，每天不是科任老师就是学生向我告状他又发脾气了。

于是，我找他谈话，希望他能遵守学校的各项规章制度，以学习为重，按时完成作业，知错就改，争取进步，争取做一个他人喜欢、父母喜欢、老师喜欢的好孩子。这些道理对他来说，可能也是耳朵起老茧，早听腻了，所以并没有取得什么效果。

他妈妈是事业单位领导，比较通情达理，但是又由于工作实在太忙和刚刚生完二胎，实在没有精力去管他，爸爸在政府部门工作，一周回一次家，每次回家都会和妈妈因孩子教育问题吵架，所以孩子的原生家庭教育并不理想。

上学期学校组织了跳绳比赛，小博作为曾经入选田径队的选手（因纪律和顶撞老师退出田径队），体育成绩好得没话说，跳绳更是他的强项，单编双摇样样行，十人“8字”也是最先会连跳的几人之一，为了发挥他的长项，让他能融入班集体，我特“聘请”他成为男生跳绳教练，帮助同学们练习，当他知道这个消息后，夸张地做出了一个嘴巴久久不能合拢的动作，仿佛不相信我会将这件事交给“暴躁”的他。我满以为自己的做法相当明智，但是第一天练习就出了问题，中午，几个男生怒气冲冲地冲进了班里向我告状，说小博在练习过程中对他们大吼大叫，骂人，还打人！我一听这还得了，赶紧叫回来询问事情经过。

通过了解我发现，他之所以会这样做是因为他认为这几个男生在练习大绳过程中不够严肃认真，反而嬉皮笑脸，不好好跳，班里男生的大绳成绩太差了。

二、案例分析

听了他这番话，我生气他打人的同时，不禁开始思考，他打人的原因，或者说是打人的出发点。

在四年级的全校趣味运动会上，也有跳大绳这项，当时我班的男生大绳3分钟跳了不到一百，可以说是低得可怜，因为全班参与，而班中有一半的同学都不会连跳，甚至还有几个不会跳的，所以总成绩惨不忍睹。

看来虽然小博的言行实在不可取，可他是对班里练习跳绳、提高大绳成绩这件事真的上心了。

三、案例处理

首先，我在班会课上严肃地批评了小博大声吼叫同学和打人的现象，并再次强申任何形式的暴力行为都是不可取的，是野蛮的。

但是在说完他之后，我又叫了那几个告状的同学，问问他们是不是所有跳不好的同学都挨了打，他们低下头表示不是，我紧接着追问，那为什么是你们几个呢？其中一个胆子小一点的男孩小声说："因为我们不好好跳，一边跳一边耍帅做花式动作，还互相笑。""是呀，你们看，其实小博并不是因为你们跳不好而生气，而是因为你们不好好跳，他在为班里的跳绳成绩着急呢！所以他采取的方式方法特别不对，但是这份为班级着想的心却比你们都炽热！"

当我说完这句话，小博在座位上居然哭了起来，一个五年级的大男孩，呜呜咽咽的样子让我感受到这次也许是真的触碰到他的内心了。我趁热打铁继续对班里同学说："很多时候小博是真的想把一件事做好，当他做不好或者受到干扰，就会用暴力的方式去解决，是因为他没有学会更恰当的方式，下次我们都来帮帮他，当他控制不住自己的情绪的时候，我们来提醒他用更合理的方式来舒缓自己的情绪，好不好？"

同学们热烈响应，不再是"惹不起躲得起"的态度，反而告诉他很多自己排解情绪的好方法，小博从中选了一种冷静法，每当觉得自己的情绪快要爆发的时候就对老师做一个小暗号，老师默许他出去深呼吸冷静一下，有了这个方法后，他对其他人的暴力行为越来越少了，也越来越喜欢参与到班级各项活动中来。

四、案例心得

1. 拥有信心是基础

家庭教育方式的不当、自身的性格特点、学校教育不够完善等原因，使小博成了情绪“后进生”。在教育过程中，我们教师应该相信后进生同样具有良好的本质，并相信通过自己的爱心与坚持，“后进生”终究能够得到些许转变，也许这转变只是一点点。有了“信心”才能以积极的态度面对“后进生”，并努力寻求恰当的方式教育学生，帮助其渐渐转变。在引导教育“后进生”的过程中，教师一定会遇到“碰壁”的情况，但我们不能失去信心，不要放弃转变“后进生”的信念，事实已经证实：信心是基础，信心不会枉费。在教育小博的过程中我是通过寻找孩子闪光点做文章，让孩子也认识到他为班级着想的一片苦心老师是知道的，能够体会到并理解他。

2. 师生关爱是秘诀

在班级教育中“后进生”其实是“弱势群体”，他们需要教师更多的关爱。关心他们，多交流思想，做他们的知心好友；宽容地面对每一次“问题行为”的反复，用真心感化学生的心灵。当“后进生”出现“问题行为”的时候，多采用换位思考、心灵感应，给予一份理解、一份同情。通过缓和他和同学的关系，让他感受同学对他的信任，感受到同学是自己的益友，感受到同学给自己带来的快乐，通过同学的教育、感染，可以促进同学间的情感交流，也可以在转化后进生工作中达到事半功倍的效果。

3．耐心与家长是关键

在对“后进生”的教育中，我们要坚定信念，给予充分的时间和精力。无论是对“后进生”，还是对班级学生和家长。耐心，能换来学生对我们的信任；耐心，能把事件妥善地解决；耐心，能让每一次的教育作用发挥到最大化。我还经常与家长联系，相互交流孩子在家里、学校的表现。我和家长达成共识，齐抓共管，现在孩子作业慢慢地开始写了，课堂上我不时地就到他的身边，经常提问他，及时了解他的学习状况，和他谈心，然后和家长互相交换近阶段的学习状况，表扬已经有的进步，共同交换需继续督促的事项，孩子现在的学习习惯也比以前好了很多。相信他会有更大进步的！

五、案例研究者

田旭　女　30岁　教龄7年　班主任年限4年

专家评语

案例以跳绳比赛为焦点，详尽记录了对“暴躁”学生的发现、鼓励、纠正、保护等全过程。揭示了对个别生教育永远是在具体中着力的原理。

消失的边界

吕昭苏

一、案例描述

五年级刚一开学，我们班转来一位新同学小H。小H眉毛很浓，眼睛很亮，嘴巴总是紧紧抿着，透着一股倔强。小H的爸爸是交大附中高三重点班的物理老师，算是尖子班专业户，初次见面时就很自信地说经过他辅导的孩子成绩能提高一个等级。小H妈妈是高三语文老师。父母常年蹲点高三，其忙碌程度可想而知。初次见面，小H父母话语中都流露着因缺少时间陪伴儿子而带来的愧疚。开学前两周，小H表现很主动，尽管存在适应性问题，但他会比较有礼貌的询问老师，也愿意按照老师提出的要求去做事，在课间以及中午分饭的时候他都表现出了亲近老师愿望，非常主动地要帮助老师。同时，我也注意到，他的汉字书写结构存在问题，基础掌握不牢，但总体上小H表现出积极主动认真的学习态度，这是一个不错的开始。我当时的判断是，他会逐渐适应，规则意识会逐渐清晰并内化于行。

但是，事实证明，我的判断太过乐观。两周后小H不断打破教学规则，无论是日常规则还是人际交往或是情绪控制都出现问题。首先是规则边界消失。小H上课随意说话，随便下座位，上课不听讲不能按时完成作业，对于老师的劝告置若罔闻。当你要求他完成作业或改错，他是抗拒的，甚至仅仅是指出其作业中存在的问题，都令他无法接受。伴随着规则边界的消失，随之而来的是情绪的失控，情绪边界的消失。他不能接受任何批评，或者他的意愿不能达成时，就会以情绪处理问题。比如，让他去改正作业中的错误，他会生气地跺脚，对你怒目而视，甚至把本撕碎扔在垃圾桶里。中午吃饭，因为他的桌面太脏、太乱，我要求他先清理桌面，他不愿意，就生气擅自跑出教室。午饭时间他想玩，拒绝回来吃饭，同学去叫他，他十分不耐烦还出口伤人。

他犹如一个充满气的气球，随时都可以爆炸。情绪问题的爆发带来的是人际关系的迅速恶化。因为他不遵守规则，随意发脾气，班里同学不太敢与他交往。一次上课，因为他的钢笔丢失，因为刚上课，我告诉他可以下课请大家帮忙寻找，这节课不用钢笔，他非常生气，跺脚、捶墙、推桌子非要立刻寻找，同时还咬定是班上的一位同学拿走了他的钢笔（后来证实这位同学并没有拿他的钢笔）。在寻找钢笔无果的情况下，拿起墨水瓶说要喝掉里面的墨水，同学好意劝他墨水有毒，他则认为同学是在嘲笑他。人际关系的恶化又反过来加剧了其情绪问题。在规则边界、情绪边界、人际交往边界的消失之后，小H似乎陷入了问题的恶性循环中。

二、案例分析

父母对于小H的表现也很担忧，在一次沟通时，他的妈妈告诉我，孩子在原来的学校比较委屈，基础较差，由于老师的不当处理方式，孩子很自卑同时害怕老师的误解，孩子内心特别渴望认同，孩子的心智年龄小于同龄人。因此，我调整教育策略，在他面对问题与困难的时候先给予鼓励，再提出要求，同时降低任务难度，他的情绪有所控制。但是这种自我控制并没有持续太久，我发现小H的确需要鼓励，也很喜欢鼓励，但是他对于应该完成的任务，或是简单的任务都很抵触，而抵触的原因，不是不能完成而是不愿意。比如说生字书写错误，按照要求需要改三遍，在鼓励之下他愿意去改错，但他只改一遍，当你提出要求时，他就会以“情绪”对抗转而逃避任务。

我逐渐意识到，小H的情绪问题一部分源于自卑情绪。在与他父亲的沟通中，我了解到，孩子爸爸是孩子精神压力的主要来源。孩子爸爸是交大附中尖子班的物理老师，常年带毕业班，所带学生成绩优异，对于自己的孩子自然寄予厚望，当孩子无法达到要求时会不自觉地将小H与自己的学生进行比较。他最常说的一句话就是“我带的学生都那么优秀，我的孩子怎么这样”。在与小H聊天中，孩子也表示特别希望得到爸爸的认可，可是无法达到爸爸的要求。小H的父亲是典型的“严父”，甚至在某些方面对于孩子比较苛责。我能感觉到孩子很怕父亲。在这样家庭长大的孩子会很自卑，面对问题与困难没有足够的能力与勇气去面对，会表现出逃避现实的倾向。

但在诸如整理自己的用具、清扫卫生、回到座位上、在课上不能玩耍等基本要求都表现出逃避，而其畏难的理由是“太麻烦”。当你鼓励他去完成时，这种“嫌麻烦”就变成了情绪炸弹。小H多次因为拒绝把满桌满地的垃圾碎纸收拾干净，想要在第四节课下课后出去玩而拒绝吃饭。有一次，小H在课间滑楼梯，被值周老师制止，要求他重新以正常方式下楼，小H便出口辱骂老师。对于规则的遵守并没有因为鼓励而得到改善。我邀请孩子母亲来校面谈。在数次谈话后，我感受到孩子母亲强烈的补偿心理。作为高三语文老师，她无暇顾及孩子，孩子常年由老人看管，而孩子爸爸对孩子又较为严格，所以孩子对她的依赖性特别强，对于孩子她表达的最多的就是不忍与愧疚。父亲的“严而苛”，母亲的“慈而溺”，老人的“不设原则”的养育，都造成了小H现在自卑、逃避、无规则意识、懒惰习惯差的问题，这也是小H规则边界、情绪边界、人际交往边界消失根本原因。

三、案例处理

摸清原因之后，对症下药。面对小H的情绪，我会“延迟”处理，给他几种情绪发泄的方式选项，暂时搁置问题，待情绪缓和时，再寻求解决问题的方案。面对小H的惰性逃避，坚定说“不”“较劲”到底，让他知道逃避无用。面对小H的能力不足，请同学帮助，降低任务难度，多给予鼓励，跟他做完成约定。同时与其父母沟通，改变教育方式，树立规则意识。

（1）多鼓励，降低任务难度。树立规则意识，对于日常行为习惯以及基本规则问题，要求小H必须遵守，即便出现情绪问题，在情绪缓和时依然要继续遵守规则，完成要求。

（2）允许其情绪处理的时间空间，但严格界定情绪发泄的方式和处理时间。

（3）反复的规则教育，请父母配合在家训练日常生活习惯。

（4）与其父母沟通，父亲改变对待孩子的方式，不当着孩子的面去进行比较，每日与孩子聊天15分钟。当孩子撒娇或发脾气时，母亲要会对孩子说不，原则问题不能妥协。

（5）与孩子讨论家庭规则，制定规则监督表和日常行为习惯监督表（家用）。

四、案例心得

（1）抽丝剥茧，寻根究底。孩子的表现有时具有迷惑性。家长在描述孩子时会避重就轻，回避本质问题，需要一步步去分析探究。

（2）家长沟通，家校合作是关键。孩子的问题有时候不是单一问题，往往与原生家庭有很大关系，家长养育方式的转变会产生巨大作用。

（3）耐心与坚持是保障。规则意识与行为习惯的养成是持久战，需要日日事事时时强化。

五、案例困惑

（1）孩子问题的改善有赖于家校沟通的有效性，家校合作的持续性，小H问题的改善是一个长期的过程，如何跟进家庭教育的变化？

（2）孩子的情绪问题处理会占用大量的精力与时间，对日常课堂教学构成压力。

六、案例研究者

吕昭苏　女　年龄34岁　教龄5年　班主任年限5年

专家评语

强家长，弱孩子。极为典型的案例，陈述工整，对家长要求具体。

第三届

唇枪舌剑提升亲子关系
班级活动促进家校沟通

胡　鑫

一、案例描述

从2019年春天，还是五（5）班的同学们就开始举行“星空辩论赛”这一班级活动。通过一对一的辩论，最终四个站队集结完毕。进入六年级，同学们积极筹备，准备团体比赛。他们认真观看辩论赛视频，积累辩论技巧；队友相互合作，共同切磋辩论题目。在团赛阶段，班级邀请家长代表担任评委。11月召开家长会，同学们又在全班家长面前进行了一场辩论表演赛。通过一场场辩论赛，同学们的思维能力和表达能力得到了全面的提升，更没想到的是亲子关系也变得更加融洽，这样的班级活动有效地促进了家校沟通，在家校协同育人方面做出了积极的尝试。

二、案例分析

亲子关系是当前家庭关系的核心，亲子关系的良好与否直接关系到家庭教育的成败。笔者调查发现，目前所教学班级的学生父母主要是70后和80后的海淀家长，他们多是知识改变命运的一代，经过考大学，获取了一定的知识、能力，最终事业小有所成。他们都是靠知识获得一定的生活资源，所以他们才格外为教育焦灼，他们非常希望孩子能抓住自己的命运，能主宰自己的命运。因此进入高年级以后，学生面临小升初的压力日益增加，亲子关系的摩擦也在逐渐升级。很多家长反映：学生在家说不得、训不得，教育不得，遇到点不中听的话就暴跳如雷，或者把门一关，谁也不搭理了。

而学生的情况呢？2000年之后的中国，是改革开放成果集中呈现的一段时间，这个时候出生的孩子，生下来就有车坐，懵懂时就开始环游世界。父母已经奠定了一定的经济基础，所以“00后”有了选择的权利，也就更有个性。当一代人没有被欺负过，也没有经历过穷困的时候，他们就不必烦恼于不公，不必忧虑于温饱，所以当他们去和外界打交道的时候，就会无所畏惧。在这样的局面下，学生和家长关系的维持绝对不能以刚克刚，而应该寻求对话和理解。

于是笔者思索，如果能开展一些班级活动，让学生发出自己的声音，也让家长发出自己的声音，然后相互倾听，是不是就能更好地促进亲子关系，促进家校共同育人的目标呢？

三、案例处理

在2019年9月开学前我们告知同学们将开展“星空辩论赛”团赛活动。通过前期的准备，一共集结了四个战队。通过车轮战的形式进行积分，最终积分最多的两队进行决赛，并决出“星空辩论王”。每次比赛前，两队拿到辩论题目后有一周的准备时间。与此同时，笔者利用班级微信群邀请家长参加自己感兴趣的比赛并担任评委。在比赛期间和比赛结束后，号召家长写一写自己对于这项班级活动的看法。

四、案例心得

1. 精选辩题，贴近亲子生活

笔者在团赛以前，集结了班里几位同学的家长一起商讨辩论题目，我们通过上网查资料、结合班级实际情况讨论等形式，最终确定了以下辩题：有贴近学生现阶段生活引发思考的“小学生广泛社交利大于弊还是弊大于利”“成长因成功而快乐还是因快乐而成功”“要做大河里的小鱼还是小河里的大鱼”；有结合课内学习内容进行深思和推想的“伯牙在子期去世以后破琴绝弦值得还是不值得”“以成败论英雄是可取的还是不可取的”；还有引发亲子关系讨论的“代沟的主要责任在于父母还是在于子女”“爸爸还是妈妈更需要关怀”。这样的辩题，学生和家长都不会陌生，而且学生在准备辩论赛的时候能够从自己和身边的亲朋好友身上挖掘到很多鲜活的事例，有机会让家长听到自己的心声。

2. 写家长叙事，了解孩子动态

在“星空辩论赛”开展期间和结束以后，笔者通过发信息、问卷的形式让家长谈一谈“在本学期开展的班级活动中，您认为让孩子受益最大的活动是什么（或者让您印象最深刻的场景是什么）？”这其实是在让家长尝试用叙事的形式回顾自己对于班级活动的看法。

开始队员对他不看好，不允许Y做二辩，但是由于第一场表现出乎大家的意料，他因此开始对辩论产生了兴趣，自信心倍增，使他看到了一个更好的自己。之后在家里也会自信满满地和家长辩论一些问题，所以敢于辩理的勇气和辩理的逻辑性都增强了。

——选自Y的叙事

每一轮比赛都认真准备，查资料，写辩论稿；小组讨论积极热烈，互相贡献论点论据，分析对手可能抛出的论据和问题，相互出谋划策，提醒队友注意的事项；锻炼思维能力和表达能力，增强了同学之间的凝聚力；写辩论稿比写作文积极多了，堪称奋笔疾书，反复锤炼，非常投入。

——选自W妈妈的叙事

通过上述两篇家长叙事的反馈可以看出，通过开展“星空辩论赛”这样的班级活动，学生对待学习的态度更加积极了，更重要的是他们开始主动和家长去探讨一些问题，这也是学校教育开始向家庭教育延伸、渗透的生动表现。

1．邀请家长参与其中，畅谈家长心声

笔者将比赛时间调至下午第二节课，这样距离家长接孩子的时间比较近，于是就方便让更多家长有机会参与到辩论赛中。团赛一共分为七场，每场比赛都邀请到两位家长担任评委。这既是让家长借辩论赛了解孩子在学校的真实表现，倾听孩子的心声，也是借着评委点评的环节倾诉作为家长的心声。

记得最后一场团赛的题目是“要做大河里的小鱼还是要做小河里的大鱼”。家长评委在点评的时候畅谈自己的想法。第一位家长结合自己来北京求学工作的经历告诉全班同学大河还是小河不重要，重要的是要有成长的内驱力，长成一条有实力的大鱼。第二位家长则是表达了大鱼也好小鱼也罢，成长最重要的是要乐观、快乐。

通过这样的形式，学生不再排斥家长的说教，而是逐渐接受和认可家长的想法。

2．巧用家长会契机，向全班家长推广

笔者借家长会召开之际，请同学们给全班家长进行一场辩论表演赛。辩题是“爸爸更需要关怀还是妈妈更需要关怀”。同学们通过查阅资料、走访身边的亲朋好友，搜集了很多资料。当以辩论的形式去诉说自己观点的时候，不仅赢得了满堂喝彩，更是让不少家长为之感动，因为家长们听出了学生的言语中饱含着对父母那种平日里不轻易表达的爱。

五、案例困惑

笔者在组织“星空辩论赛”期间以及从家长的反馈来看，无论是学生还是家长在亲子关系的发展方面有很多积极的效果，但是由于每场参加辩论赛的人数有限，不可能做到全班上阵，而家长更不能做到百分百地了解和参与。笔者考虑后续是否可以开展线上直播的形式，实况转播班级的活动，但是又担心一旦直播，就如同让家长看到了监控画面一样，无疑让老师在进行班级管理方面多了不少局限。

六、案例研究者

胡鑫　女　32岁　教龄6年　班主任年限6年

专家评语

1. 从星空好声音到星空辩论赛。案例研究以班级活动为对象，系列有延续性地开展，并不断爬升难度。

2. 选择辩论体现把控力量，选好辩题不回避现实实际，家长评委既解决了家长关注也解决了家长参与。收集家长反馈，是要把活动的张力追求到极致，也促使家长对教育的理解更加宽泛，对孩子成长所需要的资源有一个更为广阔的理解。

3. 案例困惑很实在，也很“贪心”，恨不得全部每一同学都是辩手，希望可以像“奇葩说”那样去直播。

4. 有歌手，有辩手，有工匠，有学究，有大厨，有快手……不就无穷覆盖了。

小暖男养成记

王硕达

一、背景描述

四年级新接班后没有几天，小Q就进入了我的视线。孩子机灵活泼，非常善于手工制作，课堂学习注意力严重不足，经常开小差、做小动作，课下只和一位同班非常内向的小男孩玩，与其他同学经常发生矛盾，且有偷盗其他同学物品的行为，有比较严重的厌学情绪。

二、案例讲述

接班一个月后，我发现小Q几乎就没交过语文作业，而且和同学的肢体冲突几乎每周一次。为此，我跟小Q的妈妈有了第一次电话沟通。因为这是接班后的第一次沟通，我还是本想照例以小Q的优点开头，想以此了解孩子的家庭生活情况。

小Q妈妈：　老师，您好。（声音明显心底发“虚”）

我：　您好，我想跟您沟通一下这一个月来孩子的在校情况。

小Q妈妈：　王老师好，我知道这孩子肯定是又惹祸了……不瞒您说，我对他已经完全失去信心了，您随便处理吧，打也行、骂也行！只要不受伤需要去医院就行。这孩子……（此后10分钟的时间，我插不上一句话。只能听着孩子的妈妈一直在不停地抱怨他的种种恶行，言辞之激烈已经超乎了我的想象，同时也使我震惊：是什么能让一位母亲对自己的亲生孩子能够如此的“恨之入骨”？）

我：　没有没有，小Q最近还不错，据其他老师反映，他比上学期有进步了。

小Q妈妈：　王老师，您就别逗我了。他是什么东西我清楚得很！三年了，我从来没听过表扬他的电话，都是老师和同班同学家长的告状电话。他就是天生的混蛋！全随他爸了！

我：　　　您别激动，刚听了您的话，我确实感到很意外。能感觉到您好像和孩子爸爸的关系比较紧张，能不能简单地和我介绍一下家里的情况吗?

小Q妈妈：　说到这，我也就不怕您笑话了，可能之前的班主任也和您介绍我们家的情况了。我跟他爸很早就离婚了，全是我一个人带孩子。从离婚以后，孩子他爸就拒绝再见到孩子。其实他爸住得离我们不远，骑车也就十来分钟的路程，可他爸就是不想见孩子。刚上学那年儿童节，孩子想他爸了，想跟他爸玩一天，正好我那时候工作特别忙，顾不上他，孩子姥姥也回老家了。结果我就同意孩子给他爸打了个电话，结果那个大混蛋直接就骂了孩子一顿，就是不见，孩子哭了一整天。从那以后，这孩子就更没法管了……现在，他在家里也天天作妖！弄得我都精神崩溃了！完全不体谅我！跟他爸一样！都是混蛋！……（之后的5分钟时间，几乎就成了小Q妈妈的诉苦时间）

我：　　　您也别激动，情况我大致了解了。孩子可能也是心理上有一些特殊的需要，我再观察观察。也希望您能够与孩子相处时稍微注意一下方式方法，不要有太过激的言语。

小Q妈妈：　王老师，不好意思让您见笑了。一提起这事我就控制不住，我一个人不仅要带孩子，还要挣钱养家，我实在是压力太大、太累了。他在学校的事情您就多费心吧。我还是那句话，能教育就教育，教育不好就随他去吧，以后被抓、被枪毙了都是他自己作的！

我：　　　您千万别这么说，我特别理解您的不容易。要不您给我一段时间，也给孩子一次机会。我们一起试试，挺聪明的孩子，千万别放弃他。

小Q妈妈：　行！老师您也辛苦了！听您说的，我也挺感动，您还想着拉他一把。有问题您再跟我说吧，我这还有工作，也就不耽误您时间了。

三、案例分析

1. 心理学视角分析

从与小Q妈妈的第一次沟通交流中，我们不难发现，他的家庭生活是有缺失而缺乏安全感的：缺少父爱的陪伴、相依为命的母亲又因为婚姻的失败而变得对孩子怨念重重。所以，小Q从父母处得到的是嫌弃与冷漠。由此，我们可以进行合理的推想，小Q目前的种种行为习惯问题很可能是与其渴望得到来自家长的正常关注有关。他的不断犯错有可能在一定程度上是故意而为之，目的在于吸引成年人对他的注意力。

2. 教育学角度分析

根据小Q以及小Q妈妈的态度，我觉得目前最迫切需要的就是要让小Q发生转变，让他自己首先感受到正常的关爱，从而尝试扭转其一直以来因心理问题带来的行为习惯问题。之后，在此基础上，多采取“报喜不报忧”的家校沟通策略，问题尽量在校内由作为班主任的我来解决，多向或者只向小Q的妈妈汇报他的进步，由此来尝试树立起小Q妈妈对其成长和教育的信心。

四、解决方案

首先，利用我作为男班主任的优势，努力在潜移默化中让小Q感受到一些来自“父亲”的关怀与威严，适度弥补其心理上因父爱缺失所造成的损伤；其次，尝试以有奖激励的方式鼓励其在集体生活中做一些力所能及的“杂事”，既扭转同学们之前对他产生的不良评价，又逐步引导他融入集体、产生集体归属感；最后，立规矩、压担子，激发小Q的上进心，逐步引导他回归到正常的成长轨迹上来。

1. 恩威并重

小Q希望得到成年人的关注，特别是“父亲”的关注。所以，我就经常性地针对他不能遵守课堂纪律或者不能按要求完成作业的小错误进行提醒和批评，满足他受关注的需要；因为小Q特殊的家庭环境，他感受不到自己的价值与被呵护的感觉，所以在其违纪时，我更多地会在批评过后私下里再跟他聊聊犯错背后的原因，偶尔也会为他“伸张正义、打抱不平”。由此，逐渐取得了小Q的认可、甚至是“心理依赖”。

2. 有奖励，有激励

因为我除了日常两个班的语文教学和一个班的班主任工作外，还担负着年级语文教研的工作，所以有很多琐碎而又简单的日常重复性工作需要孩子们帮我来“打下手”。班级中的孩子都很喜欢帮我做一些小事，以此来得到表扬或者小小的物质奖励。在确定了小Q的帮扶策略后，我有意识地多给他在达到我当天对他提出的学习或行为标准后，帮我“跑腿”，或者提醒同学们完成一些临时性任务的工作；在其完成后，不仅当着全班同学的面表扬他，有时还会偷偷塞给他一些他平时吃不到的零食。用这种方法，变相地帮助他养成为集体服务的意识，也借助其表现的机会，逐渐扭转同学们对他的不良印象。这样，让他逐渐产生了集体的归属感。

3. 立规矩、压担子

小Q的智商相当高、心理也很敏感。经过前两项措施在一段时间的实行后，他也逐渐初养成了一些良好的习惯和正确的服务意识。在此基础上，我就用鼓励的方式对他提出了更高的要求，比如连续一周不能让我听到别人告他的状、一周时间内语文作业不许缺项等，到四年级第一学期末，我又逐渐尝试对他的语文学习成绩提出了具体的分数要求。以此激发了小Q的上进心。

五、效果评价

一年时间的坚持和努力没有白费，小Q在各方面的进步得到了周围人的充分认可。在四年级期末考试前与小Q妈妈的电话交流中，我终于听到了小Q妈妈对他的夸奖，他的妈妈不仅看到了他学习成绩和行为习惯上的进步，而且万分惊喜地向我汇报——她收到了小Q亲手送给她的生日礼物，第一次听到了小Q对她说谢谢。在五年级第一学期，小Q再一次创造了“奇迹”，三门主科的期末考试成绩均达到了优良水平，在期末的各项评比中，还获得了两张奖状……在“停课不停学”的特殊日子里，我更是在家校联系微信群中看到了他妈妈分享的小Q正在厨房偷偷学着为家里人做饭的视频。小Q完全变得“正常”了，甚至可以说成了“小暖男”。

六、案例反思

孔子在两千多年前就提出了“因材施教”的教育理念，习近平总书记同样在《办好人民满意的教育》一文中提出“以学习者为中心，为不同类型的受教育者提供个性化、多样化的教育服务，促进教育者主动学习、释放潜能、全面发展；始终坚持协同育人，推进学校教育、社会教育与家庭教育的有机融合。”望古悟今、自省己身，我更是更加深刻地感受到了“因材施教”的深层含义。

小Q的案例中，我们不仅仅要看到小Q的问题，更要多思考、多求证小Q问题背后的深层次原因，切不可只是“知其然而不知其所以然”，更不可简单粗暴地就对小Q展开常规的、暴风骤雨似的严厉说教。其实，造成小Q之前变成“小混蛋”的问题，虽然和他缺少父爱有很大的关系，但也和他妈妈那种绝望的怨念似的问题教育方法也分不开。而后期他又成了“小暖男”的巨大转变，其实仅仅是满足了他内心缺失的渴望而已。如果在之前的家庭教育和学校教育中，作为成年人能够更加细致、细心、“柔软”一些，可能他根本就不会成为“小混蛋”。

我们现在所面对的学生中，有越来越多的孩子来自单亲家庭，这些孩子的身上都会有着各种各样让人挠头的“毛病”。作为班主任，我们在教育引导这些所谓的“问题学生”时，一定要多问几个为什么，找到根本原因后再使用不同的、有针对性的教育方法；在教育过程中更要慎重、再慎重，要根据孩子需求的变化而不断调整教育方法、要根据孩子家庭生活环境的变化而不断调整教育策略，真正做到因人施教、因材施教。

七、案例研究者

王硕达　男　36岁　教龄14年　班主任年限14年

专家评语

1. 这个案例记述的是一年多的教育实践，特别有容量。
2. 以一段电话记录为索引，醒目地勾勒出亲子间堆积起厚厚的失望。
3. 借助男班主任山一般的“父爱”，开展了密集细腻触心触情的帮扶，帮扶。既有精神激励，又有零食刺激。立规矩循序渐进，压担子扎扎实实。“小混蛋”蜕变“小暖男”。
4. 案例研究最终归结到单亲家庭这个普遍背景。然而，万家灯火，一样的孤灯确有万千不同的灯影。

爱哭的米老鼠

魏　伟

一、案例描述

“秋天来了，天气凉了……”孩子们清脆干净的声音回荡在教室里，书声琅琅，令人沉醉。这节课是我的语文课。而教室两侧和后排，黑压压站了41位学生家长，看着自己的孩子认真读书的样子，家长们脸上露出了欣慰又惊喜的笑容。今天，是家长开放日。

课程进行了大半，我悬着的心也放下了一半，这节课还算顺利。

“哇！……”突然，一阵撕心裂肺的哭声，打破了平静。谁哭了？！我定睛一看，原来是小A。又是小A！我狂跳的心平稳了一些，小A，自从开学以来，哭，已成了家常便饭。此时同学们的朗读被打断了，有的回头，有的无动于衷，有的无奈，有的偷笑；家长也好奇地被吸引着。他们都在看着我，接下来，该怎么做呢？

我迅速走到小A跟前，“小A，你怎么了？”“呜……老师，我找不到我爸爸了！”我偷偷扫了一眼小A的爸爸，只见他站在教室后面，略微尴尬地看着小A。原来，小A的爸爸被别的家长挡住了，小A一时没有瞧见，于是哭了。“小A，不管爸爸在不在，你都要上课呀，现在请你把书翻到21页，我们接着读课文好吗？”在我的劝慰下，小A终于缓和了心情，停止了哭泣，课堂又恢复了秩序。我轻轻叹了口气，唉，爱哭的小A！

小A是就近入学，北京户籍，来自一个高知的家庭，父母都是研究生毕业，爸爸在一所律师事务所工作，妈妈在警察局工作。与印象中的律师和警察不同，爸爸腼腆寡言，妈妈温柔谦和。我还记得第一天小A哭着来学校的样子，爸爸牵着他，告诉我他不愿意上学。自此，小A的哭便一直伴随着他，菜咸了哭、跟不上老师哭、作业本丢了哭、被人欺负了哭……渐渐地，同学们和老师都习以为常了。

二、案例分析

小A的情况是典型的幼升小衔接的不适应，也是一年级入学学生常见问题。德国的哈克教授认为，“从幼儿园到小学，不仅是学习环境的转换，也包括教师、朋友、行为规范和角色期望等因素的变化。他根据观察和研究指出，处于幼儿园和小学衔接阶段的儿童，通常存在6个方面的断层问题：①关系人的断层；②学习方式的断层；③行为规范的断层；④社会结构的断层；⑤期望水平的断层；⑥学习环境的断层。”这些方面的断层是难以规避的问题，不重视并着手这些方面的问题处理，势必会在入学后出现各种适应不良问题。

就小A本身来说，他性格敏感、脆弱，情绪控制和抗挫能力差，对外界的刺激十分敏感，一遇到不合心意的情况情绪波动较大，以哭来解决问题。另外，在家校沟通过程中，了解到他是零基础入学，相比其他同学，不能跟上教学进度，压力较大。

三、案例处理

爱是教育的基础，步入小学后，教师在作为学校情境中的成人，是学生踏入学校之后唯一可以寻求安全感的成人。对爱哭的小A，我格外关心，并没有因为他跟不上而斥责他，而是不断鼓励，常常说“老师相信你可以的”“这件事你……你真棒！”

与小A妈妈的聊天记录

和小A的家长，我也保持密切联系，几乎每周联系一到两次，发现问题，及时鼓励。渐渐地，小A的笑容多了，哭泣少了，对家的依赖少了，对学校生活的喜爱多了。

有一天一早，小A悄悄来跟我说："老师，我今天带来了一个米老鼠，他从小就陪着我，可以吗？"我听了，说："当然可以了！但是你能不能做到把他放在书包里不拿出来，让他悄悄陪着你呢？"小A高兴地点点头。那天，小A在学校表现特别好，不仅没有哭，还得了两个小贴画。他的妈妈告诉我，他回去跟家长说了我说的话，今天选择不带……小A，这个爱哭的"米老鼠"，在爱的鼓励下，在米老鼠的陪伴下，终于有了变化……

四、案例心得

马斯洛认为，"心理安全感是一种从恐惧和焦虑中脱离出来的信心、安全和自由的感觉，特别是满足一个人现在（和将来）各种需要的感觉。个体变得忧虑起来，不是与饥渴这样的一些需求有关，而是与其恐惧和焦虑有关。"

儿童由于自身的渺小和无助，需要依赖成人。特别是在一年级入学之时，面临巨大的变化，使儿童的归属感和安全感的丧失，在这时，老师和家庭的关怀和引导尤为重要。

五、案例困惑

有时候，迫于工作压力，教师对学生的"爱"往往力不从心，追求成绩，忽视心理，无力全心全意去爱。如何让教师产生对学生的教育"爱"，如何应用这种"爱"？

六、案例研究者

魏伟　女　31岁　教龄5年　班主任年限3年

专家评语

非常好的案例选择，表面看是帮助一个爱哭的学生找到了不哭的开关（米老鼠），实质是在回答幼升小适应过程中学生个体的种种问题的结局。案例以一节家长开放课为索引，极具画面感地、有悬念地陈述了一个典型案例。有场景、有情节、有对话、有行为，栩栩如生，十分精确有效率地交代了本案例的关注。在案例分析中不累赘地引用哈克教授的理论，恰当且支撑分析。案例处理上，讲了原理性的方向（概述），不惜笔墨地完整地回溯了米老鼠在书包里暗助小A的突破点，并把与家长交流的截图放入文中，强化的家校的共识达成。整篇文字流畅，简洁，逻辑线清晰。

小A变形记

刘秋香

一、案例描述

小A是一个聪明的二年级小男孩，很是调皮。这个学期他的变化很大。课上不但不听讲，还说话影响周围的同学，在美术课多次打断老师的正常教学；课间操时别人做操，他在跳舞，动作大到踢到旁边的同学；课间趁同学不在座位上，不经过同学的允许，拿走不属于自己的东西。小A一年级时不像现在这样，经过教育，听讲和做操有所好转，但是拿别人东西的行为没有改变，为此我与小A的妈妈在放学后交谈。第二天上学时我发现孩子的脸上有一处伤痕，急忙问他怎么受的伤，他哭着说脸上的伤是被爸爸打的。我用手轻轻地摸孩子的脸。说："别怕，我找你爸爸谈谈，但是，你自己一定要争气啊！"

二、案例分析

是什么原因导致小A这样一反常态呢？小A爸爸为何要打小A呢？于是我联系了小A的爸爸，放学后去他家家访，通过谈话我了解到：小A的父母都是北京人，在海淀区大慧寺住。小A爸爸中专毕业，自由职业，每天很忙，经常出差。小A妈妈嫌弃小A爸爸赚钱少，离婚了，不久小A爸爸再婚了，现在这位是小A的新妈妈，在一家文化传媒有限公司工作，小A新妈妈生了一个小男孩。两个人都没时间管小A。小A新妈妈不敢管小A，怕后妈难当，就告诉小A的爸爸。小A爸爸一听到妈妈反映小A在学校的情况，很生气就动手打了小A。小A爸爸平时很累，压力大，没有时间管孩子。加上对孩子的期望太大了。平时没少打小A，但就是不管用啊！我能感受到他爸爸对小A教育的无能为力。

我和小A爸爸开始谈话，并劝告他不要对自己的儿子下手这么狠。

通过家访我了解到小A爸爸还是爱他的，只是方法不对。小A在学校的表现其实就是想引起老师对他的注意。想到了这，我才明白为何每次找小A谈话或者批评他时，他总是高兴的样子。孩子是多么需要关心和爱啊！

三、案例处理

我对小A的爸爸说，我理解他的心情，他为了两个孩子，辛苦赚钱，对小A抱有很高的期望，可没想到孩子一次又一次让他失望。他爸爸说他自己很后悔。我告诉小A爸爸，他这样下去，动不动就打孩子，会给孩子造成心理不健康的阴影，也会出现过激的行为，小A会越来越恨他，什么话也不敢说。他们的隔阂会越来越深。假如打打孩子就能把一个孩子的不好的行为打好，那教育实在是简单极了。

小A爸爸在一边点头承认我所说的对，他说，他也知道，但是火一上来就是控制不了自己的行为。

我提出了几个建议，供小A爸爸做参考：

（1）在激动时暗示自己控制住，控制住。然后问问孩子：为何这样做，如果孩子做错了，表明自己很生气，提出爸爸认为孩子应该怎样做才是正确的，有什么需要我帮助的吗？对症下药，好好反思问题的原因，那样才能有效。

（2）休息时多在家陪陪孩子，哪怕陪孩子一起做做运动、看看书、说说话。假期出门旅游，一起放松放松，长长见识。让孩子感受到父母对孩子的爱。

（3）指导他上“教育在线”“网站的“新父母论坛”，在那里读帖学习。可以买《家庭教育》杂志来读。增加自己的育儿方法。

（4）抽时间和孩子一起参加家委会或者学校组织的班级活动，建议他与我班的一些优秀的孩子家长多交流与沟通，看看他们在孩子出现问题时是怎样处理的。

（5）每天给自己的孩子记录3个以上的优点，一周和我交流一次，再不断地寻找优点中发现自己孩子的长处。每天都要主动关心孩子，哪怕只有2分钟，多鼓励，多表扬孩子。让孩子在家做一些简单的家务，体会到自己存在的价值。

只有加强学习，才能不断地汲取营养，与孩子一起成长。小A爸爸不停地点头。

渐渐地，小A爸爸与班上的几位家长经常联系，暴打孩子的现象也不再出现了。孩子的笑容开始挂在了脸上。

小A改掉了不遵守纪律和拿别人东西的行为，因为他不断努力、爸爸不断鼓励、班主任的正确引导，期末被评为了关心集体之星，期末考试成绩也突飞猛进，三科成绩全部优秀。

四、心得与困惑

一位全身心投入工作的家长，没有属于自己真正的喜怒哀乐。一切为了生活，孩子成绩好了，表现好了就开心，孩子表现不好就觉得是世界末日了。这样很容易导致家长的心理不健康，有的时候，爸爸是懒得管、不想管、烦得管，认为这些教育孩子的事情都是妈妈该做的事情。好不容易休息了，有时间了，自己看手机或玩电子游戏，推卸管理孩子的责任。有的时候，在家长身上，一些过激行为自然而然就出现了。

作为班主任，当看到班上有类似的情况时，要及时与家长进行沟通，并指点他们，给他们出几招切实可行的建议，让他们尽力改掉自己高期待心情下的，一些对孩子的不合理的做法。同时学会把生活重心进行转移。一位身心健康的家长才能带出一个身心健康的孩子，让孩子健康茁壮地成长。

现在社会竞争这样激烈，爸爸们忙于工作和赚钱。老师怎样做，才能更好地让爸爸们一起肩负起关心孩子成长和学习、社会一起助力生长教育的责任，正确的引导孩子为人处世。

五、研究者资料

刘秋香　女　教龄14年　班主任年限11年

专家评语

1. 非常好的案例。老师通过家访，注重父亲这个关键人，提出有效详尽的方法，促使父亲发生转变，带动小A转变。这是有相当难度的，体现了老师的能力。
2. 案例开始提到，小A一年级表现不错，那推测新妈妈生弟弟的时间是不是在一二年级之间？若是，应该写明。

情理沟通　化解家校危机

张　洋

一、案例描述

铺垫背景：小S，男，三年级。家庭情况：家长是航天科研人员、硕士研究生，居住在海淀区皂君庙。平时工作较忙，孩子性格比较温和。

客观陈述：体育课前，学生下楼准备上体育课。刚上课，我接到医务室的电话，说是学生小S的头被门撞伤了，情况非常严重，要马上送医院。我急忙赶往医务室，并在路上立刻打了两个电话：第一个打给小S家长，简单说明情况后请其马上来学校，如果不能及时赶到，学校将根据家长的诉求马上就近安排送医院诊治。第二个打给L老师，但联系不上。我来到医务室时，校医已对小S的受伤部位做了简单处理。小S举着手，白纱布上还在渗血……我从陪同就医的两个学生口中了解了大致经过：小S跑出楼，他的头无意间撞在门上。事故发生后，他们没有告诉正在组织上课的L老师，而是直接来医务室。这时，小S父母赶到了。为了稳定家长的情绪，我只说估计情况有点严重，请家长赶快带孩子到医院就诊。小S父母立即带着孩子赶往医院。我再次联系L老师，但依然无人接听。直到我前往教室寻找的路上，才碰上了L老师，原来他把手机落在办公室里。听说此事，他马上联系家长表示一起陪同前往医院，家长却说“不用了”。

二、案例分析

校园意外伤害事故一旦发生，班主任往往是事件处理的主要成员之一。尽管这类事件处理起来很棘手，但班主任要主动介入，运用同理心积极寻找事情解决的突破口，在情理相融的家校沟通中形成教育合力，走向家校共育。同理心泛指心理换位、将心比心，但同理心不是同情心，而是从家长角度出发的感同身受，想家长所想，急家长所急。学生在校园意外受伤，班主任及现场教师应设身处地考虑家长的心情，在信息畅通的基础上，充分照顾家长的感受，尊重家长的需求，给予学生关怀，在情理和法理的支持下，实现有序的沟通、有情的沟通和有法的沟通，最终妥善解决问题。

三、案例处理

事件发生后我在第一时间去学校医务室对受伤同学进行检查。然后及时联系家长，在和家长电话沟通中注意措辞，稳定家长情绪。在学生抵达医院后，我明确向家长表达了两层意思：那扇门闭合无人监管是学校欠考虑的地方，是个安全隐患，我会及时向学校反馈，积极整改；孩子以治疗为第一，家长有困难、有想法可以直接联系我。随后，我立即将这一安全隐患上报学校。学校立刻对门进行整改，并对校园其他设施进行排查，一一将隐患消灭，同时对全校师生进行相关的安全教育。我又立刻把学校实施的补救措施和安全教育的情况反馈给家长，让家长感受到学校积极处理、担负责任的态度。小S受伤的第一晚，班主任就前往小S的家里，送上慰问，表达歉意，表示一定按照客观公正的态度处理此事，一切以学生治疗优先，其他事宜可等孩子伤好后再议，给家长吃下定心丸。养伤期间，我经常通过微信、电话了解小S的恢复情况，提醒他按时吃药，鼓励他配合医生，积极治疗，早日返校，也请小S在班里的好朋友前往探视，陪他聊天，讲讲班里的新闻，消解其孤独感。我及时了解病情，送上宽慰，同时提醒注意保存治疗单据，作为保险公司赔偿报销的凭据。当得知小S准备带伤返校学习，我及时将信息告知领导、任课教师及学生，使小S走进教室的第一天就被温暖包围：任课教师亲切地叮嘱他好好养伤，不必担心落下的课，会帮他慢慢补起来；同学们则给予他一级保护，从生活、学习等细节上帮助解决各种困难，让小S感受到集体的温暖。

家长表示：在这次事件中，感受到学校教育管理的规范性、教师充满爱心的职业道德和专业的职业素养；自己会从这次事故中汲取经验教训，培养孩子的安全意识，不再追究谁的责任。

四、案例心得

校园意外伤害发生后，班主任及相关教师尤其是新教师容易手忙脚乱，缺少具体的处理方案，错失最佳时机。因此，班主任首先应冷静下来，始终牢记以学生利益为先，厘清事件的轻重缓急，按照学校有关校园意外伤害事故处理流程操作，把握沟通最佳时机，实现有序沟通。校园意外伤害事故发生后，有些班主任往往将关注重点放在学生矛盾的调查和处理上，错失了救治或与家长沟通的良机，造成后续沟通不顺畅。班主任首先应关注学生的伤情，对学生进行第一时间的专业处理。校医一般具备基本的医学知识，能对伤情做出较为专业的判断，能为学生争取宝贵的救治时间。在这点上，班主任是无法比拟的，如果自行贸然做出不恰当的决定，就会引发家长的不满情绪。所以，无论学生伤情是否严重，班主任及现场教师都要在第一时间送学生去学校医务室进行检查。班主任关注学生伤情的态度，能让家长感受教师对学生的重视程度，能让学生得到专业的初步诊断，避免更大的二次伤害，为家校沟通奠定了良好的情感基础。在首先保证学生救治的前提下，班主任要在第一时间向学校有关领导反映情况、及时联系家长，从而赢得学校的支持和家长的理解。即使初判意外伤害不严重，班主任也要足够重视，及时通知家长，由家长决定是否送医院诊治，毕竟家长是孩子的监护人。遇到伤情较重，班主任更要在第一时间通知学生家长，以满足受伤学生家长的知情权、决定权，赢得首轮效应。此外，班主任打通知电话时要注意措辞，避免因着急而口不择言，把焦急的情绪传递给家长，使家长情绪失控，甚至造成家长急于赶往学校而发生交通意外，让事情变得更复杂。

校园意外伤害发生后，班主任要时刻关注家长的情绪和感受，不要因为害怕担责，有意回避沟通或被动沟通，使家长对学校产生不满，造成沟通障碍，影响家校关系。在沟通的过程中，班主任从始至终要坚持换位思考、将心比心，疏导家长情绪，赢得家长支持。学生在学校遭遇意外伤害，尤其是类似案例中属于其他教师管理范畴发生的意外，班主任也决不能轻易将沟通及处理事宜推给事故现场的教师，撇清自己的责任和义务，而要积极主动、勇于担责，与事故现场教师共同做好家长的安抚工作。意外伤害既然已经发生，班主任不仅要在第一时间进行积极有效的应急处理，而且在处理和治疗阶段必须全程跟进，关注家长不同阶段的心理需求和困难，主导多方力量，共同关心关怀学生，全程安抚家长情绪。

针对意外伤害事故所做的家校沟通，都要建立在合理合法合规的基础上，按照程序进行处理，不能盲目打感情牌。因此，班主任要始终保持教育者特有的专业化特质，让沟通以法理为基，体现规范性，最终赢得家长的信赖。在意外伤害事故处理的过程中，班主任在沟通中要始终不忘“教师”角色，善于从事件中提炼教育因素，适时引领家长和学生提升安全意识和抗挫能力，展示教育魅力。

五、案例困惑

针对校园意外伤害，国家及各地方政府先后出台了一系列法律法规，如教育部于2002年9月1日正式实施的《学生意外伤害事故处理办法》。因此，校园意外伤害的处理可以从相应的法律法规中找到依据，在不同情况的意外伤害事件中，校方担责情况是有区别的。这涉及很多专业的法律知识，学校领导协同有关部门会与家长从“法理”的角度进行协商，做到有据可循。作为班主任，除了要加强这方面的学习外，更要修炼一种慌而不乱的底气，为家校沟通起到润滑剂的作用。

反思这次事件的妥善解决，得益于事情发生之后的一系列有效沟通。任何一起校园意外伤害事件中的家校关系危机化解，都离不开情理相融的沟通策略。作为一线班主任，掌握必要的法律知识和专业的沟通技能尤为必要，可以让校园意外伤害在情理相融的沟通中，化危机为契机，开创家校共育的新局面。

六、研究者资料

张洋　女　35岁　教龄12年　班主任年限12年

专家评语

1. 这是一篇堪称范本的案例撰写。所有内容都已成为班主任的必修课。
2. 镇定，沉着，有温，有序，周全，有原理有操作有评价。
3. 处理过程的步骤、节奏、细节，精神上、物质上的关心、服务都很到位。建议本文可以用条例格式书写一遍，醒目，操作性强。注意再补充可能出现的误操作不当操作的提醒。
4. 本文的困惑段落还是属于心得。

做好家校沟通的牵线人

张　关

一、案例描述

“张老师，我们代表全班的家长想跟学校领导反映一些问题，您看什么时候方便？”某天我正在埋头批改作业，突然微信中弹出了这样一句话，一下让我的心情跌到了谷底。今年是我担任班主任工作的第七年，人们常说会有“七年之痒”，的确，这一年还真是给我带来了巨大的考验。这已经不是我第一次收到这样的消息了，从二年级到现在我们班家长已经给学校写了三次联名信。内容包括反映科任老师取消动手活动；前任副班主任老师教育方式不当；代课老师、新接任的科任老师不能保证教学秩序；班级中个别学生对他人影响较大，等等。可以说，在我们班几乎没有没被投诉过的学科，家长还习惯拿自己班的缺点与别的班的优点去比较。

为什么家长意见这么多呢？这就不得不说说我们班的学生情况了，在这间小小的教室里，集合了各种各样特殊的孩子，有自闭症儿童轩轩；感统失调、情绪障碍的大王和小王；抽动症伴随污言秽语症的阳阳；视力存在天生缺陷的小姑娘琪琪；将近一年半时间未在校学习生活，学习极度困难的小男孩小豪等。低中年级的孩子自控力差，往往容易被个别的点带动起来，就好比按下葫芦浮起瓢，对整体的纪律影响很大。甚至有老师对我报以同情，说这真是机缘巧合才能凑出来的一个特殊班级。加之上一届家委会成员认为工作开展较难，与其他家长也产生了矛盾，以至于这学期家委会换届工作也并不顺利，加剧了家校沟通的不畅。

二、案例分析

班级客观存在的问题是不可能消失的，唯一感到庆幸的是，家长每次都能通过我来向学校领导反映，说明对我还是信任的。因此这些挫折并没有让我丧失斗志，反而让我觉得班主任工作愈发重要，教育工作要愈加细致。

通过梳理家长反映的情况，我意识到家校沟通不仅仅存在于班主任和家长之间，更要协调好科任老师与家长、家长与家长、家长与孩子之间的关系。家长们不断提出的要求是在鞭策我们，但是我们也要正确引导家长，使他们认可学校和老师的工作，配合我们的教育。

三、案例处理

为解决家长提出的问题，作为班主任的我必须做好家校间的牵线人，把学校、家长、任课老师、学生连接在一起，协同发力。因此我做了如下努力。

1. 学科联合，行为习惯常抓不懈

家长反映个别学科存在课堂纪律混乱，老师组织不力，甚至影响正常教学活动情况，经过学校行政领导的听课，各科老师的座谈，发现实际情况并不像家长想的那样夸张，但是个别学科确实需要对课堂教学进行调整。比如老师面对个体的时候，其他同学就容易松懈，那我们就要尽量采取面对全体的教学手段；又比如调整授课声调、设计更有趣的教学内容，增强对学生的吸引力；另外，科任课老师需要适当提高对学生纪律方面的要求，不断督促学生，培养良好的行为习惯。作为班主任，不仅要善于和家长、学生沟通，还要善于与任课教师进行沟通。本学期我经常主动倾听任课老师的意见，热心支持任课教师的教学工作。一方面，在学生面前树立任课教师的威信。另一方面，把学生对任课教师的赞誉与改进意见反馈给任课教师。同时，以积极的姿态倾听任课教师对班风、学风建设的合理意见以及针对个别学生的教育对策，并能很快地落实到班级管理的实践中去。

2. 积分存折，把小评比做大做细

我们班的积分评比制度从一年级延续至今，学生和家长都很认可这个制度，积极努力地想为自己加分。随着学生年龄的增长，我们的评比内容也越来越细致，学生参与评比的程度也越来越深，我们也在逐渐发现问题改进策略。一开始评比的内容虽然也是根据班级公约来制定的，但是随意性比较大，要求并不十分严格。学生的年纪太小，主要靠班主任老师来记录，有一定的局限性。家长对评比的情况很关注，也给出了合理的建议：希望评比过程能够更加公正全面，所有的任课老师都参与到打分中。科任学科按组评分的时候比较多，那么有的组可能会因为个别同学表现不好而得不到奖励，有的学生较为敏感，会因为被小组牵连而感到积极性受到了打击。另外丢失奖票的情况也屡见不鲜。

针对这几个问题，我及时进行了调整。第一，细化评比内容，各学科老师统一评比标准，及时记录反馈。每天的纪律结果在家长群中进行公示，便于家长了解学生在校的真实表现。在黑板上也同步进行记录，由组长负责记录在各小组的评比表上。第二，积分卡换成了积分存折，这样不仅每周得到多少分数一目了然，支出了多少分数，一个学期的总分、结余也能够清晰地展现出来，便于学生和家长对自己整体情况进行了解。

后续，我们要继续把“小评比”做大做细，每周进行总结，让学生知道主要问题在哪？每周向科任老师反馈，各学科合作抓住班级教育的重点。对评比结果进行梳理，找到学习、纪律等方面得分高的同学进行专项表扬，让有进步的学生谈一谈自己的收获，树立榜样。发动更多的同学和家长参与积分评比的设计和执行。丰富奖励的类型，既包括物质奖励，也包括精神奖励，比如座位选择卡、免批评卡、免排队XX特权卡等。兑换奖品也在单一的直接兑换基础上，增加了拍卖、分期付款、贷款等形式。让积分评比总是充满新鲜感，借助评比不仅能培养学生良好的行为习惯、生活习惯、学习习惯。

3. 深入沟通，携手助力学生成长提高内在动力，培养学生的思维能力

本学期我参与了学校德育课题组的研究，研究的主题就是关于家校共育，给二年级班主任进行的经验分享也是关于这方面的内容。不管是理论研究还是实践，我都发现家校沟通间存在着很多的问题，例如：家长和老师对自己的职责不是很明确，家长关注的点和学生真正需要的点不一致，家长缺少正确的教育理念和教育方法……家校之间的沟通如果不充足不顺畅，就会出现学生在学校和家庭完全是两个样子的情况，这样的情况下，家长更容易去相信孩子的表述，而不管事实是否完整真实，许多矛盾便是因此产生的。本学期一开始，家委会的组建就不是很顺畅，有的家长确实忙于工作，有的家长是不愿意当这个“出头鸟”。家委会好不容易成立了，又连续给学校写了两封联名信来反映情况。这使我意识到，家校之间的问题真是亟待解决。

用什么样的方法去破解这样的困境呢？除了日常与家长保持家访或者电话联系，在沟通过程中取得家长的理解信任、支持配合外。我还主动增加对学生家长的了解，包括学生的家庭背景、父母的期望、家长的为人之道、思想素质状况等。并针对三个层面进行了调整：指导家委会关注家长动态，收集家长诉求，起到上传下达作用；在家长群中树立正确的舆论导向；和个别生家长交流，让其认识到自己孩子的问题，分享经验。全体家长，根据老师给的方法和建议，在家加强对学生常规习惯的培养，比如坐姿是否端正，注意力是否集中，能不能认真听讲，坚决不说脏话，家庭的奖惩机制和学校的要匹配。家长要起到表率作用，以身作则。不让学生玩网络游戏，那么家长也不能一直抱着手机不放。个别家长，要多关注自己孩子的进步和问题，对于孩子诉说的情况，要与其他同学或者老师进行核对；有资源的家长即便不能亲自前来，也可以将资源提供给家委会，安排其他家长来进行协助，给学生创造更加丰富多彩的学习机会。

现如今家长能够开始重视自己孩子的真实表现，出现问题不再情绪化，其他家长也能够主动协助化解矛盾。同学们能够向自己身边的榜样学习，努力要求自己。家委会也发挥了自己的作用，在校期间搜集家长建议，及时反馈情况；开展了读书分享、航模制作等丰富多彩的活动，在延学期间还利用视频会议等形式，让同学们线上交流，停课不停学，共抗疫情。

四、案例心得

以往我们的家校沟通中，总是家长和班主任老师当面锣对面鼓地在交涉，缺少了科任老师的参与，不能完整地展现学生在校生活的状态。更缺少了学生这一环，要知道他们才是教育活动的主体，因此在暂时化解了家长与老师之间的矛盾后，我认为重心要放在学生上。

一方面，老师说得再多，家长也还是更愿意相信自己的孩子，家长认为老师对学生好，自然愿意配合。这就要求我们尊重学生，真心为学生成长发展考虑。尊重学生首先要了解学生，倾听他们的心声，切准学生的思想脉搏，才能做好学生的思想工作，要处处做“有心人”和“知心人”。学生肯把真实的想法和真情告诉给班主任，班主任也应以诚相待，把班级管理的难处与苦处告诉给学生，以便取得学生的谅解、支持与信任。总结也是和学生沟通的重要渠道之一，可以在班会课上让大家一起谈谈班级本周发生的琐事，或者谈谈自己的想法、困惑，老师记录发言，对发言进行评价。鼓励学生不断努力，帮助学生解决问题，接受学生对班级管理提出的合理建议。这种有形式感的沟通平台，培养了学生关心集体的意识，也让老师更清楚地了解到班级里存在的问题。

让学生成为班级的主人，还需要让他们切实参与到班级管理中来。比如安排座位、布置值日分工等工作，由各组自行协商决定。借助语文写话练习中的《我有一个想法》，鼓励学生对班级问题畅所欲言。其中许多同学提到了课间有追跑等不文明现象，希望能有玩具角，推广一些有益的游戏，这个建议在班会课上得到了绝大多数同学的支持，那么下学期我们就会着手进行布置。

另一方面，家长虽然愿意教育好孩子，在家也是千叮咛万嘱咐，但是在学校永远也不可能像在家一样，一对一地盯着。在校期间只是靠口头教育，很难唤起学生的自觉性和主动性。不如通过集体活动进一步加强学生之间的协作精神和团体意识，这样既能在班级的纪律及常规管理上起到明显的效果，又能在班级中孕育团结友爱的风气，使班级成为一个和谐温暖的大家庭。这个学期，同学们积极主动参加学校组织的各项活动和比赛，集体凝聚力和集体荣誉感不断增强。比如：跳绳比赛第一次有“十人8字”的项目，同学们自发利用每天早晨的时间集体练习；早读书声琅琅，目前已经读完了北太平庄学区第三册古诗诵读的所有诗文；元旦联欢会，主动报名表演节目、担任主持等等。下学期，已经与家委会商定，在课余时间组织同学们开展集体锻炼活动，增强体质的同时，也加强学生和父母、家长和家长的交流，进一步凝聚班级力量，推动班级的发展。

班主任工作是育人的工作，做人不易，育人更难，特别是还面对着这么多特别的学生和家长。但我认为只要我们用心去做，或多或少会产生一些效果，帮助有困难的学生，在他们的人生道路上推他们一把，宽容地对待他们的错误，相信他们会有所进步的。同时帮助学生树立远大的理想，明确自己的奋斗目标，把它转变成学习、生活的动力。班主任工作是一项十分琐碎的工作，是一项十分细致的工作，也是一项辛苦的工作。这里有成功的喜悦，也有失败的遗憾。我将继续重视班集体建设，以正确的方向、方法为指引，运用班内外资源，推动整个班级朝着良性的健康的方向发展。

五、案例研究者

张关　女　30岁　教龄7年　班主任年限7年

专家评语

1. 绝对教科书般应对，双管齐下解决问题。

2. 家长，重在“分化”，严谨讲就是分层分类，所谓“抱团”效应就被瓦解。学生，重在相互考核，争上进，有指标，细化实现各有长短机会都要有，加之丰富的活动，每位同学都高涨热情。

3. 老师，不是一个人的战斗，班主任、科任老师协同作战。归纳总结起来，家长诉求，不是依靠直接回应来解决，你问头我答头，而是你问头我答身。并实事求是，改正存在的问题。

4. 一个小遗憾：关于班级学生构成的描述，是否都有权威的诊断证明？还是家长自我判断？或是老师经验判断？

延期开学期间如何与家长和学生进行有效沟通

郭 枫

一、案例描述

背景：2020年疫情期间，在学校“停课不停学”的一系列教学安排下，班主任老师如何能够有效地进行家校沟通。

陈述：2020年2月17日，学校下发了延期开学期间停课不停学的教学计划。同时要求班主任要与家长和孩子进行至少一周一次的一对一交流。

二、案例分析

首先，如何进行更有效的交流，是我思考的重点。如果采取文字沟通的方式，那就是直接与家长进行沟通，把事先准备好的文字和问题发给家长，这样虽然能够完成学校布置的任务，但是意义不大。如果选择单独与孩子视频，也会出现尴尬的场面。所以我认为必须营造一个更为轻松愉快的环境，多人视频让孩子们也能互相见面，而且大家一起跟老师交流时也能从容一些，老师提出的问题也会有更多的人同时思考，陆续回答。

其次，交流的内容很重要。半个小时时间要做出合理的安排，既要帮助孩子缓解延长假期时间烦躁的情绪，也要提问一些关于学业方面的知识。基于我们班正在开展古诗词背诵活动以及整本书的阅读的情况，在交流过程中，对这两个活动完成度进行一个小测验，也能督促孩子完成自己的学习计划。

三、案例处理

在与家委会成员进行沟通后，共同决定利用学生休息时间进行视频沟通。

首先，请家委会组长进行前期调研，询问孩子和家长共同的休息时间，调查后确定为晚上7：30～8：30。

其次，把全班44名同学（1名休学）按照学号分6个组，每天跟两组同学进行视频，一周两次，每次30分钟。针对学习基础较差的同学，我采取了单独视频的方式与他进行交流。

然后再制定每次视频的内容，基于三年级学生特点和教学计划，在第一周时主要从学业、体育锻炼、家务劳动三个方面开展。学业包括检查寒假作业（考查背诵古诗，朗读描述传统节日的习作，讲述历史故事以及展示手抄报），背诵古诗（从一年级开始实行古诗朗诵活动），挑选林汉达《中国传统历史故事》中的小故事进行讲述或朗读。体育锻炼通过孩子描述自己锻炼的项目以及录制视频发到小组群里进行展示。家务劳动方面也同样借助录制视频的方式，并且可以让同学在视频的时候讲述自己做菜的过程。

为了更好地让同学们在延期开学期间规律生活，我也制定了奖励机制，在学业、体育锻炼和家务劳动方面设定不同的奖励机制，并由学生现场给予评价，进行奖票记录，开学时再用奖票兑换奖品。

四、案例心得

在执行这项计划的前三天视频中，孩子们最开始有些紧张，考查古诗背诵时有些同学虽然前期积累很多，但并不能马上背诵出来，还有些同学朗读时磕磕巴巴，没有做好前期准备。

基于此情况我又跟家委会成员进行讨论，用这样的方式是否真的能帮助到孩子，对他们的学习生活真能起到监管作用？家长们反映，每次视频时间不长，但都能跟同学们见见面，跟老师有个短暂交流，确实有一定的督促作用。有家长反馈“还是老师的话管用，视频结束之后立马拿起书来朗读，并且保证每天要读完一个故事”。还有家长反馈，孩子还是蛮期待与老师的下次见面的，能够自觉完成老师布置的任务。这让我信心大增，继续跟孩子加强交流，并且设计一些交流性更多的小任务。比如进行猜四字成语的游戏，每人准备两个成语，可以用图画、手势或者语言的方式，把它描述出来让大家来猜，从而让每位同学增加词语的积累；还有把自己这天中学到的新知识讲给大家听，也是一个复习巩固的过程。

到我们第二次视频时，情况确实发生一些改变，孩子们有了第一次视频的经验和前期准备后，都能流畅的背诵古诗和讲述故事，这样就节约了一些时间来做进一步的交流。通过这样的方式也让孩子们越来越愿意展示自己的才艺，并且也积极投放到学校平台，让更多同学和家长看到自己，极大的激励孩子们的展示欲望，也能让他们在这个特殊阶段，合理安排自己的时间，心情也得到放松。

五、案例困惑

（1）交流中还有哪些更好的内容或者方式让孩子们更愿意更乐于参与这个活动？

（2）交流中要避免出现哪些误区（不可行性体现在哪里）？

（3）要定期与家长进行交流，如何让家长反映孩子的真实情况？

六、案例研究者

郭枫　女　28岁　教龄3年　班主任年限3年

专家评语

1. 最鲜活的案例，最急迫的任务，最务实的操作，最显著的成效。本案例的价值在于疫情当下，非现场教育互动没有先例，是主动摸索实践，还是被动等待指派，体现的就是班主任担当。

2. 与家委会充分沟通，及时收集家长反馈，创新任务教学，促使学生较快适应新的教学场景。进而松弛自如，热情激发。在时间安排和频次、组别规模上都有精确安排。

3. 案例撰写在学业部分着墨饱满，若是在体育锻炼和家务方面也有均衡涉及，就更为理想。

他的问题到底出在哪里?

井　印

一、案例描述

小曹是一个三年级的男孩儿，户籍所在地是江苏，父母都是公司职员，一家人居住在海淀区中关村南大街附近，属于科技园区。

初见小曹之前就有所了解，学习状态和学习效果很不理想，但是具体什么问题不清楚。小曹的个子不高，眼睛很大，精神饱满，课间休息的时候和同学谈笑自如，看上去性格开朗，不像是学习上有困难的样子。再来看看课堂上，也能看到他举手发言，尽管不多，但是还算可以，开始的几节课我就发现了他的问题，就是速度特别慢，别人已经完成三道题，他可能连一道题还没有写完，慢得有点离谱。但是家庭作业提交上来的质量还是不错的，书写工整，都能完成所有内容，但是改错特别慢，得有专人盯着才能改好。甚至在单元考试的时候有一整面试卷的题都没做完，丢分特别严重。

起初遇到这样的情况，我们会以为这个学生主动性不好，自我约束或者自我约束能力比较弱，需要别人督促自己，甚至盯着，才能按时完成相应的任务。也和家长沟通了这个问题，家长也发现了孩子特别慢的问题，做作业需要很长时间，经常在旁边督促、看着，效果不理想，目前没有更有效的办法。为了解决当前的问题，只能是在学校没有完成的问题就在家里补。但是还有当天新的作业，完成新作业就已经很晚，在学校遗留的问题补做的部分非常有限。

二、案例分析

对于小曹出现的问题，我的起初判断，原因归结为以下几点：首先就是注意力的问题，也就是持续关注在同一件事情上的注意力时间太短；其次就是自己不够努力，就是拖沓，主动性很差；最后就是方式方法没有掌握。

基于这样的判断，跟家长沟通交流，寻求解决的办法。在学校还为他专门安排了一位小干部，随时解决他的问题，督促他尽快完成学习任务。家长反馈回来的想法是，孩子在家的学习非常努力，能够持续很长时间在做作业，没有出现中途离开或者贪玩的现象，就是写的很慢。从这一点上来看，之前的分析就不成立了。

所以需要进一步了解小曹的一些学习细节。进一步的沟通得知，孩子对于简单的抄写性内容，效率稍微好一些，在逻辑理解方面的内容要差很多，有些内容看了很久都不能落笔。

从此在课上我就更加关注小曹的表现。对于简单的计算，他完成得很快，但是涉及文字信息或者图形信息的时候就会很慢，这个现象引起了我的注意，持续的观察后我发现，小曹的问题不是注意力，也不是主动性，根本问题出在了语义解析上，也就是他对于这些语句或者其他信息不理解，或者存在很多的问题，严重影响了他的解题过程。

三、案例处理

基于这样的分析之后，我把我的想法和家长再次进行了沟通和交流，家长也认可了我对于孩子学习问题的判断和分析。但家长确实不知道该如何帮助孩子解决这个问题。

我给家长的建议就是初期先在孩子学习过程中，询问孩子哪些是不知道不明白的，把自己的困惑说出来，家长和老师及时解答，在语义理解上给予大力支持，努力提高学生的理解力。另外可以开展一些关于语义解析能力方面的提升训练。比如家长和孩子可以进行一个物品的描述，选定一个名称，让孩子提问题，家长回答的方式，孩子最终确定这件物品的名称，可以轮流进行。这样的练习可以提升学生的理解力。

此外就是请家长陪孩子阅读，每天坚持阅读，从最初的10分钟开始，最终保持在每天不低于半小时。阅读量的积累可以增加词汇量和语句量，了解更多不同的表达方式。

还有就是培养和巩固有效的答题策略，提升学习效率。数学是非常讲究方法和效率的，所以小曹还要学习和掌握一些有效的答题策略和技巧。每天利用课间休息和午休时间，教给他一些很有针对性的答题技巧和书写策略，并且及时跟进。

家长在家关注孩子的语义解析和相关的训练，再配合学校具体策略的积累，小曹在本学期期末考试中考出了86分优秀的好成绩。

四、心得与困惑

小曹的学习问题得到缓解，要得益于教师和家长的多次、深入地沟通和交流，针对孩子出现的问题，不找借口，实事求是，客观看待问题，主动去想办法。也只有这样，才能找到孩子的真正问题和解决办法。再加上教师给家长提出了建设性的建议，建议几经更换和调整的过程，也是教师和家长深入交流沟通的过程。只有家庭和学校的共同努力，才能促进学生的成长和进步。

尽管小曹在学习上取得了一些进步，成绩也有所提升，但是对于语义解析的问题，只能慢慢提升，有没有更直接更高效的方式呢？

五、研究者资料

井印　男　教龄15年　班主任年限14年

专家评语

1. 更高效的方式是存在的。比如懂不懂的一个重要前提是“知不知”？帮助孩子有更多背景性的知识、常识了解是可能很快改善对语义的理解。所谓思维快的学生，一般都伴随着思维发散、思维开放、思维跳跃、思维联想。帮助小曹同学的联想性训练也是一个方面。再有就是游戏、家务劳动，都是可以帮助提升语义理解能力的。

2. 这篇案例撰写的一个突出价值，即提出老师如何突破惯常思维，去发现学生个体的个性问题，最大程度避免“误伤”。

做一架桥梁，让家校相互理解

蒋俊杰

一、案例描述

小聪是独生子女，爸爸是军人，妈妈工作特别繁忙，经常工作到半夜才回家。小聪从小到大都是由姥姥、姥爷一手照料，无比溺爱，他就是家里的“小皇帝”、同学们眼中的“大魔王”。

某一天放学，由于楼道站队的班级比较多，学生们放学时情绪都比较兴奋，有说有笑的就准备下楼了。小聪站在队伍的第3个，他下楼时在楼梯上突然停下来不走了，紧跟在他身后的小张没有看到直接就撞到他身上，眼看着小张就要摔倒滚下楼梯，我及时从队伍中间冲上去拉住他，避免了一场很严重的意外事故。当时我很生气，问他为什么突然停住，他没有解释，就说他累了，扶着楼梯站了一下，张同学还撞着他了呢。因为已经到了放学时间，我也就没有跟他多说，分别嘱咐他和小张要注意安全。为了避免他俩再次冲撞，便由我拉着小聪站到放学队伍的后面一起走。本以为这件事就此结束，没想到等孩子们都回家后，小张的妈妈在家长群里直接找了小聪的妈妈质问下午放学的事情，我见状赶紧给小张同学的妈妈打电话跟他沟通，请她撤回在群里的信息，不要在班级群里说孩子个人的事情，并详细了解下午的情况。从小张那里得知，他俩在下午第二节课的时候就已经有了一点矛盾，正赶上放学小聪便没有机会“算账”，就想着在放学路上撞一下小张，没想到差点撞的小张从楼梯上摔倒，小张的妈妈知道后特别生气，请我能够跟小聪妈妈好好谈谈，这样的事情不能再发生了。我了解情况后第一时间联系了小聪妈妈，说明了事情发生的经过，并请她回去问一问小聪事情发生的经过，小聪妈妈在电话里跟我一再保证说要好好教育孩子，我也就放心了。到了半夜2点，我就接到了小聪妈妈发来的“千字文”，里面尽数是小张同学的缺点和批评，和对小聪同学受到的“委屈”打抱不平，最后还指出“无论班里的学生多么的优秀，也请允许一个不优秀的他存在，希望得到平等的对待”。到底是什么原因让事情经历了大反转？面对家长的指责和质疑我不停地反思自己，为什么她会认为孩子在学校接受了“不平等对待”？一连串的问题出现在我的脑海里一遍一遍地询问自己，到底在哪个环节出现了问题？

二、案例处理

1. 深入会谈，发现问题

针对小聪这次的问题，我决定第二天邀请他的妈妈来到学校进行深入交流。经过交流我发现了一个问题，因为小聪妈妈工作繁忙，每次下班到家都已经是半夜，如果当天遇到我打电话跟她说孩子在学校违规的事情，她就会给孩子爸爸打电话，小聪爸爸回家就是对孩子一顿暴揍了事。小聪妈妈偶尔下班回家早，见一面儿子都是满满的歉意和溺爱，所以孩子说什么都是对的。每次他妈妈总是会问："儿子，你今天在学校开心吗？""谁又欺负你啦？""老师说你了吗？"生怕小聪在学校受一丁点委屈。而小聪如果当天跟同学有矛盾了，也总是会说"不开心""某某又打我了""老师只说了我"诸如此类的话。久而久之，家长对学校教育的信任度也越来越低，造成了家校之间桥梁的裂痕。而这次的楼梯事件就是一个导火索，先是被爸爸揍一顿，再被妈妈追问事情原委，他就把所有的抱怨都归结于"我就是在楼梯上站了一下，就被老师批评，我很不开心，老师处理问题很不公平，是小张先招惹我的。"所以才会导致了这次事件的发展严重偏离。

2. 消除症结，矫正认知

（1）细微之处，彰显公平。找到了问题症结所在，我的首要任务就是消除小聪妈妈的心理阻抗。让她先了解我们班级中每天学生们的生活学习状态，从公平的教育入手。由于小聪妈妈工作很忙，平时根本没有时间来学校接孩子，今天我便将谈话地点放在教室里，为她解读我们的班级各项评比栏，解读评比规则，了解班规的制定，让她了解所有的规则制度都是经过全体学生共同协商完成，公平、公开、公正。班级评选大中小队长、班干部、值日小队的排班表等，都是每一个学生参与的活动。让小聪妈妈从班级细微处了解到我们的班级管理制度，了解班级教育活动的公平，打破她心理对于教育"不平等"的壁垒。

（2）直面问题，引导方向。在与小聪妈妈的交流中，我也指出了她与小聪交流中存在的"一言堂"的问题，希望她能耐心地俯下身去"以童心解读童心"，寓教于事、言传身教，不委屈孩子，不错怪老师，理性阳光地进行沟通，变坏事为好事。不暴力解决问题，希望家长能在孩子情绪不好的情况下不要主观臆测质疑学校的制度，而是积极与孩子、老师进行沟通，了解真相，并引导孩子协助老师一起寻求最佳解决方案。学校是育人的重要基地，而家庭教育则是学校教育的强大后盾，要亲密合作共同教育孩子热爱生活，懂得感恩，与人为善，明礼诚信，培养他们成为学习和实践社会主义核心价值观的小模范。

（3）家校共育，达成共识。充分肯定小聪行为习惯的进步和学业成绩，并明确学校评价一个学生是否优秀不是以是否调皮、不守规矩作为标准，也不是以学业成绩作为评断标准，而是将培养德智体美劳全面发展的人作为总任务，坚持育人为本，德育为先。希望通过家校携手共同努力帮助小聪形成正确的人生观、价值观。最重要的是让小聪妈妈知道学校、教师和家长都是爱孩子的，只是爱的方式不同，教师的爱是“师爱”，她不仅仅是一种付出和给予，更要恰当和掌握分寸。在学生的成长道路上，离不开家长、老师的爱，但并非任何一种爱都会带来积极的效应、产生有益的结果。所以，让小聪妈妈明白，作为一名教育者，作为学生的引路人，我们爱孩子，但绝不能宠孩子。

那天我与小聪妈妈交流到很晚，我们进行了长久以来最为深入的教育探讨，小聪妈妈表示在今后的家庭教育中会全力配合学校，互相尊重信任和理解。

三、案例心得

家校沟通是小学班主任做好班级管理应具备的能力，在小学班级管理中，班主任需要掌握良好的沟通艺术与家长进行沟通。家校合作的桥梁作为小学教育阶段的有效管理手段，而班主任作为班集体的重要力量，在班级管理中发挥着重要作用。

习近平总书记在党的十九大报告中明确指出：“立德树人是教育的根本任务。”德育在学生全面发展中发挥着至关重要的作用，而家庭德育是学校德育的补充。在新时代教育科学化、民主化不断发展的背景下，将学校教育和家庭教育有机结合起来，形成德育合力势在必行。

在小聪的家庭教育中，姥姥姥爷“无条件的爱”、爸爸“暴力式的爱”和妈妈“宠溺式的爱”都是导致小聪建立良好行为习惯的最大阻力，家长的不认同、不信任正是对家校合作目标的不理解。在这个事件中，我及时地进行了小聪妈妈的情绪安抚和心理阻抗，针对问题帮助家长转变教育观念，提高了教育认知准确定位家校合作的一致目标，达到了预期的交流效果。一次特殊的交流谈话，一场教育思想的有力碰撞，对今后的家校桥梁建设增添了强有力的支持。我们每一次与家长的交流对话都是蕴涵着无数的教育生机，也都是一次家校合作成长的契机。教师和家长深入学生的心灵，用我们不同的爱和智慧，化解危机，共同促进学生健康快乐地成长！

四、案例研究者

蒋俊杰　女　39岁　教龄19年　班主任年限19年

专家评语

1. 本文也提供了一个很经典的与家长沟通交流的范本。本案例撰写尽管是按照案例描述、解决过程、教育后记三个部分来结构成文，但依旧能做到条理清晰，陈述细致，要点突出，归纳扼要。

2. 本文提出不少好概念，“师爱”“以童心解读童心”“情景化沟通（不在办公室，在教室与家长沟通）”“无条件的爱”“暴力式的爱”“宠溺式的爱”。

前后桌的"战争"

王　瑜

一、案例描述

小新是一个学习成绩优秀但容易急躁的小男孩，他的父母都毕业于重点高校，父亲在一家知名电商平台做高管，平时工作比较忙，母亲为了更好地照顾孩子，前两年辞职在家做全职妈妈。小宇是一个憨憨的小男孩，父母都是公司的普通职员。这学期，小新和小宇坐了前后桌。一天晚上，我接到了小宇爸爸的电话，说晚上发现了儿子身上有淤青，孩子说是小新打的，还说小新经常打自己的儿子，他要找学校评评理。此时此刻我先安抚家长，表示我需要明天先向两个孩子了解一下具体情况，并承诺一定会给他一个说法。

第二天一早，我就找到了小宇，先看了他身上的淤青，在胳膊处，已经很浅了，我询问他是否还记得这个是什么时候弄的？怎么弄的？他说是上上周，小新打的。于是我又追问"是怎么打的？他为什么要打你？""我回头的时候，胳膊放在了小新桌子上，他就用拳头打了我的胳膊。""那你当时疼吗？回去就发现青了？""当时没有感觉，也没有青，是昨天姥姥发现的。""姥姥发现后怎么问你的？""姥姥问，你这胳膊是谁打的？"听完了小宇的回答，我又找到了小新了解情况，小新表示他没有故意打过小宇，也不记得上上周发生的事情了，经过我的提示他说可能是有一次上课的时候，小宇扭过来把胳膊搭在他桌子上问他玩不玩下棋，他嫌小宇影响他听课了，就用拳头捶了他胳膊让他扭回去，但是没有很用力。听完两个孩子的描述，我大概了解了他们的"战争"。

二、案例分析

通过两个孩子的描述以及他们的性格特点，我认为这中间一定有误会。小宇平时比较胆小，面对姥姥引导式的问句"谁打的？"给了他一个信号，他要回答出谁打的，于是他想到了两周前小新的行为。男孩子之间产生冲突也是很正常的行为，可是为什么昨天孩子的爸爸的情绪如此激动呢？这其中又有什么是我不知道的呢？

为了更好地解决这件事情，我决定和两个孩子的家长一起坐下来谈谈。

三、案例处理

当天我和两个家长约好放学后一起到班里聊聊这件事情。可是没想到放学时发生了另外一件事。当我带着班级的队伍到达放学地点等候区域里，小宇的姥姥在小新的妈妈身旁破口大骂，说自家孩子怎么受欺负，小新的妈妈一直没有出声，看到我后，快步走到我身边。小宇姥姥看到了放学的小新更是情绪激动，冲上来就骂小新，说他是小霸王，全班学生家长对他都有意见。我立即把孩子拉到我身后，和小宇姥姥表示，可以一起到学校里，咱们坐下来解决，她不但不去，还在不依不饶地指责着，这个时候小宇的爸爸也走到了我身旁，表示不用管孩子姥姥，于是我搂着小新，和两个家长一起到了学校里。

到了班里，我们坐在一起，小宇的爸爸表示孩子经常被小新欺负，说他一扭头，小新就会打他。这和两个孩子上午跟我说的内容完全不一样，于是我叫来了在隔壁班等待的小宇，来说一说，小宇见了爸爸就表现得很焦虑，于是我安抚小宇不要紧张，再和我们说一遍怎么回事，老师和爸爸都是帮助解决问题的。经过反复的询问，我们终于从孩子口中了解了事情经过，这块青不是小新打的，是自己一周前自己不小心磕桌角撞的，怕爸爸批评他，正好姥姥又问是谁打的，想起小新打过他胳膊才这样说的。小新也不是总是打他，只是在小宇侧着坐把胳膊放小新桌子上的时候，小新很烦小宇，才会推小宇的胳膊。

事情了解清楚了，小宇的爸爸感到有些羞愧，没弄清楚就到学校质问老师。见小宇的爸爸平静下来，我又和他分析了一下这件事情小宇为什么会这样做，他也表示平时确实对孩子比较严厉，孩子比较怕他生气，回去他也会反思自己。另外孩子姥姥过于溺爱孩子，总是很怕孩子在学校受欺负。借着这个话题，我又说了刚刚在学校门口当着那么多家长面，孩子姥姥的行为很不恰当，让小新的妈妈很难堪。小宇爸爸向小新妈妈表示了歉意，但是对于自己的岳母，他也表示作为女婿不好多说什么。

小宇爸爸走后，我又和小新妈妈谈了一下孩子最近的变化，脾气有些暴躁。通过交谈，我得知最近小新姥爷生病了，从老家来到了北京和他们住在一起，本来不大的地方变得更拥挤些，加上姥爷病重，小新妈妈也比较烦躁，所以最近家庭气氛有些紧张，导致孩子最近也有些情绪化。了解情况后，我安慰了小新妈妈别着急，并表示愿意提供一些帮助，如果实在忙不过来，我可以放学后帮忙看孩子。小新妈妈很感动，连连感谢，并说最近可能忽略了孩子的心情，以后也要多关注些。

第二天早上，我又约了小宇的妈妈，和她沟通了昨天孩子姥姥的表现。我非常理解孩子姥姥心疼孩子，但是那样在人群中说一些不真实的话是非常不合适的，小宇以后还要和同学一起相处到毕业，家长之间也要一直相处。为了这个班级安定团结的发展，这种事情是坚决不能再发生的。小宇妈妈也表示回去一定要和孩子姥姥好好沟通，并且很抱歉给班级带来了负面影响。通过小新和小宇的事件，让我和两个孩子家长的关系更融洽了，家长都非常感谢我对孩子的关注和对他们行为的理解。

和双方家长沟通后，我也再次和两个孩子进行了沟通，他们两个也分别认识到了自己的问题，握手言和，再也没发生过冲突。

四、心得与困惑

家长是孩子的第一任老师，我们要积极发动家长配合我们的教育教学工作，共同形成合力，这样才能促进孩子成长。所以如何与家长进行融洽沟通，至关重要。在与家长的沟通中，我也有了一些心得：首先，我们要本着尊重的原则与家长沟通，平等的去交流，公平公正的评价学生的表现，和家长共同研究解决问题的方法。其次，在沟通的过程中，我们也要注意观察家长的情绪，如果家长在情绪非常激动的情况下，老师一定要冷静淡定，不能被他们影响情绪。可以先倾听他们的宣泄，然后适当安抚他们，等家长平静后再去解决问题。此外，对于一些原则性问题，老师一定要表明立场和底线，不能为了息事宁人而满足家长提出的一些过分要求。对于家长的不当言行，教师也应委婉的指出。

五、研究者资料

王瑜　女　教龄6年　班主任年限6年

专家评语

1. 典型案例。我想到了一个词：斡旋。在心得中总结的，要冷静，要表明立场底线，不息事宁人，还要注意言辞委婉。原则坚守，斡旋有术。

2. 两位学生，各自父母，一方的姥姥，一方姥爷，亲子，隔代，岳母与女婿，母女，以及家中有病人给家庭日常生活带来的影响，最终都传导到两个小学生身上，表现出来的就是你推我一下，我就干脆把淤青记在你头上。

3. 班主任工作就是要从表象，追寻到根源，消除误会，明辨道理，调解关系，最终汇聚成帮助孩子健康成长的效应。在这其中，可能有委屈，可能被怒斥，可能要倾听。

一个电话带来的教育灵感

张继芳

一、案例描述

学生：小A　　　　性别：女　　　　五年级

家庭情况：小A是家里的独生女，父母分别是46岁和43岁时生的小A。

二、案例分析

小A今天一来上学，我就发现她眼睛又红又肿，精神萎靡不振。我关切地问道："小A，是昨天又睡得很晚，没睡好吗？"她从嗓子眼里发出小得不能再小的"嗯"的声音，算是回答我了。小A是我们班上一个性格内向、温柔又文静的女孩。她有着高挑匀称的身材，一双水灵灵的大眼睛，看上去很是乖巧，再加上一条又粗又长的麻花辫儿扎在脑后，就又增添了几分可爱。她不仅长得乖巧可爱，而且还心灵手巧、热爱劳动、乐于助人，是个人见人爱的懂事孩子。但令人遗憾的是，她在主科学习上却总是不很理想，每学期三门主科的考试中，她总得有几门是待达标，就连语文也经常是处在及格线的边缘，这可让我和她的父母费了不少心思。看到小A今天的这个状况已经是最近一周以来第三次了，我心头一紧，她学习本来就吃力，精神状态再不好，不是给她的学习又雪上加霜吗？

课后，我拨通了给小A妈妈的电话，来了解情况。我刚拨通电话，小A妈妈就像连珠炮一样跟我抱怨道："老师，我真是没办法了，昨天加班回家晚，到家11点了发现她该写的作业还没写完，一直就在捏她的黏土，她爸爸也不管她，把我气得把她的黏土统统扔了，书包也扔了，跟她说以后也不要再去上学了！"听了小A妈妈的话，我先是一惊，之后赶快稳定小A妈妈的情绪，和她聊起了小A捏黏土的事，并从中了解到小A黏土捏得特别好，只要她想捏成的作品，就没有捏不出来的，她最爱捏的就是芭比娃娃，甚至能把芭比娃娃的头发丝和高跟鞋都捏得很逼真，让整个作品看上去惟妙惟肖。

小A学习中的问题我早在她低年级时就分析过，有一部分是先天问题，但也有一部分是她自己的原因。小A语言表达、阅读和逻辑思维等方面的能力发展，确实比一般孩子都慢，但她也因为自己慢而借题发挥，经常在学习和写作业时发呆发楞，导致自己变得更慢了。我和家长也采取过很多措施，有些进展，但总是不明显。今天从她妈妈电话中了解的情况，突然让我对小A的帮扶教育有了“柳暗花明又一村”的灵感。

作为教师，我深知，学生的学习成绩有高有低，主要有先天能力和后天努力的原因，先天能力较好的学生，学习方法得当，取得良好的成绩对他们来说并不用费很大力气，而像小A这样先天能力不足，如果再不肯努力，要想取得好成绩就会难上加难。但我认为像小A这样的学生也有以下特点：如果对学习产生浓厚兴趣，并对自己充满自信，再加上正确的学习方法和持之以恒的精神，是可以有很大突破的。我马上联想到小A对黏土的兴趣能不能作为她学习的催化剂呢？带动其他学科也产生兴趣呢？这将给她的学习带来极大的转机。

三、案例处理

有了这个想法之后，我又多次和小A的妈妈沟通，阐述了我借小A喜好捏黏土的兴趣来促进学科学习的观点，我的这一想法得到了小A妈妈的支持。之后我又找到小A跟她聊起黏土捏得这么好的缘由，没想到她还提到是我让她喜欢上的黏土，原来一年级时小A报的选修课就是黏土课，当时我就是黏土老师，这一下又拉近了我与小A的距离。看着小A和我谈起黏土时，脸上洋溢的笑容，我暗暗下定决心，一定要让她在语文学习上也能有这样自信的笑容。

几天后我给小A买来了新黏土，作为她黏土捏得好的奖品，还和她敲定只要她将每天的学习任务在学校里完成好，我就利用周末一起和她搞黏土创作，这个建议让小A兴奋不已，也促使她在学习上的积极性有了明显提高。第一个周末我们就相约做了个钥匙链，之后我们还陆续做了冰箱贴等，我还让小A把家里的其他作品在班级中展示，这不禁让我惊叹她的一双巧手，也让同学们看过后瞠目结舌。从那以后我还鼓励小A给她的作品写简介，帮助她练习语言表达和写作能力，小A也在这个过程中逐步找到兴趣点和自信。后来我再与小A妈妈沟通时，还开玩笑地说：这黏土可是“功臣”以后千万不要再扔了！

四、案例心得

回顾对小A的教育过程，我也是在不断地实践和反思中进行的，作为教师首先要在思想上端正态度。不要想当然、简单地指责学生所产生的问题，要对于学生行为的成因进行认真调研、分析，不能武断。另外，教师在对学生的行为进行干预时，更要做深入地学习和研究，尽管小A看上去是学习成绩的问题，但实质是学习品质和心理问题。最后，要在问题产生的错综复杂的原因上，与家长和学生进行细致的交流和沟通，为该生私人定制针对性更强的解决办法，才能达到比较理想的教育效果。

五、案例困惑

小A的学习品质如何更好、更稳固地迁移到各个学科中去，这个兴趣点没有了，还能不能激发起她学习的动力，最终能让她这样的孩子产生持久的学习动力，这也将会是我不断研究的目标。

六、案例研究者

张继芳　女　42岁　教龄21年　班主任年限5年

专家评语

1. 这个案例令人唏嘘，为何要这么夸张地讲，因为“黏土”的故事老师不记得了，小A却一直在守护……

2. 特别特别赞的是，还是被最初的领路人再次灵光一现，一盏灯塔照亮海平线。这个案例，再次告诉我们，隐蔽性学习动力源是一定存在的，只是我们没有找到，或者就在我们眼前，我们不认识。也再次揭示，仅仅在学业学科本身上找解决学习动力、学习方法的思维是局限的。

3. 回到本案例困惑，一个黏土是不是会被挖掘殆尽？我以为还早得很。黏土不只是有工艺美术属性，还有教学教具属性，也有物理化学属性。帮助小A去发现其中的奥秘，比如和她一起去捏一个N95口罩或护目镜，会产生发生什么……

为什么我家孩子总被“欺负”

赵　晶

一、案例描述

去年送走毕业班之后的我又接了新的毕业班，这个班级有些“特殊”，我是这个班第七任班主任，由于班级频繁更换班主任导致家长的意见很大，而且这个班也是学校出了名的“乱”班。

班里有一个男生小A，他的爸爸是意见最大的家长，一直认为自己的孩子由于年纪小在班级中总是被班里同学欺负。刚接班没多久这个孩子的爸爸就找过我很多次，每次投诉的同学都不一样，这里面有男生有女生。微信和我聊天都是长篇大论，但主题只有一个，那就是全班同学都在欺负小A。

二、案例分析

由于刚接班，我并不了解班里的具体情况，所以在开始小A爸爸投诉的时候我尽可能地在倾听，但是随着对于这个班的了解，我发现情况并不像小A爸爸说的那样。这个班的同学虽然一些表现不是很好，但是这个班的学生本性善良，班级凝聚力非常强，之所以会成为大家眼中的“乱”班，就是因为频繁的更换班主任，学生没有养成一个良好的行为习惯而已。而大家和小A的相处也都和其他同学一样，并没有什么差异。但是为什么小A爸爸总觉得小A在班里被欺负呢？随着时间的推移我慢慢地找到了真正的原因……

小A每次和同学发生一些所谓的“矛盾”，他回到家之后和爸爸只陈述对方做了什么样的事情，对于自己的所作所为只字不提。而小A的爸爸由于班级之前的情况对于其他同学和班主任是十分的不信任，所以每次只要小A说什么，小A的爸爸就认为这是事实的全部，最终导致矛盾越来越大，抱怨越来越多。

三、案例处理

面对小A爸爸的抱怨，面对小A的做法，我一度陷入了沉思：我应该怎样做能让小A把事情说全？我应该怎样做能让小A爸爸信任我？如果小A说全事实，小A爸爸就不会认为孩子每次都被欺负。如果小A爸爸信任我，即使小A说不清楚的时候小A爸爸也会向我询问了解事实。

经过跟小A聊天我发现，他爸爸是一个脾气很急躁的人，每次只要觉得小A做错事情，就会不分青红皂白地把孩子揍一顿，所以孩子为了能够维护自己的利益让自己不被暴揍，每次都会有所保留的交流。于是我和小A就有了这样一段谈话。

我：老师每次听到你被揍都很心疼你。你想不想以后不被爸爸揍？

A：特别想。

我：你爸爸绝对是一个正义的人，眼里不揉沙子，知道你犯错肯定是特别替你着急，希望你尽快改正自己身上的错误，就是方式有点不妥。

以后在班级中每次你觉得出事了，你第一个找老师，老师去跟你爸爸谈，不让你爸爸揍你怎样？

A突然抬起头瞪大眼睛看着我说：老师，那您会不会把我做了什么都告诉我爸？

我：当然会，我们要陈述事实，把事情说全。

A：那我爸会揍死我。

我：为什么呀？

A：只要我爸觉得我有错就揍，所以我……

我：我明白了，所以你每次都会只说别人的问题，不提自己的问题。但是你想想，如果老师和你爸爸交流，你爸爸知道全部事实之后，而你没有说全，你爸爸会怎么想？

A：会认为我撒谎了，那更是一顿暴揍。老师，其实有时候我和同学之间并不是谁欺负谁，就是闹着玩，我心里不舒服就回家跟我爸说，其实现在想想也没什么。我都这么大了我自己也能解决。

我：你还挺明白，那我就看你表现了。

有了这次谈话之后我心里就有底了，小A知道自己每次都是说一半藏一半，而我一定会主动和他爸爸交流说全事实全部，所以为了不被暴揍，小A和同学的相处也收敛了很多。但是小A爸爸那边还没有得到全部的信任，于是我会经常和小A爸爸交流孩子在学校的表现，好的地方及时表扬，和班里同学发生矛盾的时候，不等小A回家我就和已经和小A爸爸交流了。班里有活动的时候我也会请小A爸爸参加，也是通过不同的方式赢得小A爸爸的信任。

经过和小A的爸爸接触，我发现他爸爸虽然是个暴脾气，但是性子直，也是一个“耳根子”软的人，抓住他爸爸的这个特点我改变了和他爸爸的交流方式。

我：您真是一个负责的爸爸，对孩子要求真严格。

A爸：老师，我读书少，但我知道孩子犯错必须得揍，但是也不能老挨欺负，我跟他说了，谁欺负他就往死里揍，我出钱，不然回家别跟我说挨欺负了，敢说我揍死他。

我：我看您事业上挺成功的，社会经验肯定很丰富，您说咱孩子这么聪明，您把您那些经验多传授咱们孩子点呀，尤其是和别人相处的经验，我看您的朋友那么多。

A爸挠挠头说：我朋友是挺多的，这孩子不知道怎么回事，回头我教教他。

我：可不么，您说您把着那么多的经验不教自己儿子，您老揍孩子多不合适，还让孩子揍别人。再有，孩子回家真要是不高兴了，跟您说了，您再揍他一顿，他不是更不高兴了么。您得开导孩子，让他往好的方面想。即使真的被欺负了，您心里窝火也别跟孩子发，您回头找我，跟我说，我一定帮孩子解决，您看怎样?

A爸：我这人就是脾气急，我一看他不高兴我就觉得他怂，我就想揍他。老师以后有啥事我跟您说。

就这样，随着时间的推移，小A回家告状的现象少了，每次他认为和同学发生矛盾了，我都会及时出面顺便询问一句：是否需要我跟你爸爸交流一下，帮你解决？每次小A都会拒绝我。随着他回家告状的现象减少，他在班级中的人缘也慢慢地好了起来，期末英语话剧展演，他代表的组以最高分到学校展演，并且得到了外教的好评，他爸爸知道之后特别的高兴。

期末毕业季，全班一起包饺子，我邀请小A妈妈来帮忙，小A爸爸见没邀请他还有些失落，我特批小A家来两位家长，爸爸高兴坏了，忙前忙后，最后还自费为班级同学购买水果。

在与小A和小A爸爸沟通过程中，我坚持了沟通三要素原则：沟通要有一个明确的目标；沟通要达成共同的协议；沟通要注意信息、思想和情感的传递。

与小A的沟通主要目的是让小A知道事实是不会被掩盖的，老师如果和家长沟通一定会呈现全部事实，其实这也是在无形间给小A了一些压力，让小A明白自己那种表达方式可能会给自己带来什么样的后果。和小A爸爸的沟通主要目的是获得小A爸爸的信任，同时让小A爸爸认为我和小A爸爸是站在同一条战线上的，这样事后的任何沟通小A爸爸都不会觉得老师是在没事找事，而是真正的站在孩子的角度为孩子考虑。

四、案例心得

伟大的教育家苏霍姆林斯基说过："生活向学校提出的任务是如此的复杂，以致如果没有整个社会首先是家庭的高度的教育学素养，那么不管教师付出多大的努力，都收不到完满的效果。"他认为，学校教育要实现促进学生"和谐的全面的发展"，离不开"两个教育者"——学校和家庭的密切联系和协调一致的配合。他说，"学校和家庭，不仅要一致行动，要向儿童提出同样的要求，而且要志同道合，抱着一致的信念，始终从同样的原则出发，无论在教育的目的上、过程上还是手段上，都不要发生分歧。"

习总书记在全国教育大会上强调：办好教育事业，家庭、学校、政府、社会都有责任。这就意味着，中国特色社会主义教育是一个需要多方协同配合形成教育合力的有机整体。它既要充分发挥家庭、学校、政府、社会各自的教育功能，又要紧密配合、协调发展，努力形成四位一体的协同与人机制，真正让全社会都担负起青少年成长的责任。

通过小A的事情，对于我自己的教育工作我也有了新的反思，家校矛盾层出不穷，很多时候往往是因为误会造成，而解决矛盾的最好方法绝对不是藏起来，而是将问题摆在明面上进行有效的沟通，小A的事情就是一个典型的案例，因此取得家长信任，是解决矛盾最好的方法，当家长信任老师信任学校之后，他就会站在老师学校的角度思考问题，也就能够更好地理解老师的做法了，当家长认可老师的做法之后，教育就会变得更加轻松。

五、案例困惑

如何能够更好地营造班级氛围，让同学之间的相处不会出现所谓的矛盾或误会，这是我在今后工作中需要进一步研究的问题。

六、案例研究者

赵晶　女　34岁　教龄11年　班主任年限11年

专家评语

1. 一篇很别致的案例撰写，占篇幅最大的是两段对话，与学生，与家长。透过对话，交代了案例，也说明白了策略。有画面感，也有逻辑线，还有对话艺术。最靓的是，包饺子先请妈妈，让着急的爸爸更着急，然后才特例允许爸爸妈妈一起参加，搞得爸爸像孩子中奖一般的高兴。

2. 对解决孩子问题，原因分析准，办法给出实，节奏把握有度。学生会很明确地来抉择，是学会诚实地提升与同学们的关系处理能力，还是依靠部分隐瞒来侥幸躲过被暴揍，并且还积累错误的信息。

3. 对父亲的开导也是设置一个符合其逻辑的高度，让其自己对照找到改正方向。

4. 案例的价值在于，一生一案，一父一策，说到底还是针对性。

（本文已在2021年第9期《班主任》刊登）

第四届

生活即教育

屈琦琦

一、案例描述

2020年，一场突如其来的新冠肺炎疫情打乱了我们的正常生活，而对于家有小学生的家庭来说，“居家学习”更是给原本的家庭生活带来了极大的挑战。小A，女，一年级6班学生，户籍北京。她的父母文化水平较高，都是硕士研究生学历，从事金融行业相关工作，工作非常忙，因此下午放学后都把孩子送到课后托管班，下班后再去接。小A平时学习不错，因此她的父母更多地把重心放在了自己的工作上，平时疏于对孩子的教育，这样的家庭生活模式在平时的生活中没有问题，父母安心工作，孩子在学校和校外机构学习，但是在疫情下，这样的家庭生活模式就暴露出了问题。

3月的一天，我看到小A的妈妈在凌晨发了一条朋友圈，主要内容就是她和孩子爸爸在晚上狠狠地教训了孩子一顿，“爸爸毒打，妈妈进行语言攻击……”，言词非常激烈，看到这条消息后，我就立刻联系孩子的妈妈了解情况。经过和孩子妈妈的沟通,我了解到，孩子的父母是双职工，都要上班，哪怕有时一人申请了居家办公，也总是孩子自己呆在一个房间，自己在另一个房间办公，所以就在家安装了监控实时监督孩子。出于对孩子视力问题的担忧，小A的爸爸妈妈不允许小A在课外时间过多地使用ipad，但是后来发现小A会躲开监控去玩，甚至对爸爸妈妈在监控里的呼叫也视而不见，俩人担忧加愤怒，就有了这样一次冲突。而除了视力问题，从妈妈的叙述中我也了解到，在她居家办公时，小A总是跑去找她，打扰到她的工作，也使妈妈非常烦躁。

二、案例分析

疫情下，居家学习不可避免地延长了孩子们使用电子设备的时间，对于父母都需要上班的家庭，孩子甚至会以电子设备为玩伴，因此视力问题是居家学习期间许多家长都担心的问题，而小A家出现的这次冲突，主要还是由于孩子躲开监控偷着玩，父母又都在外上班，无法及时中止孩子行为而感到的焦急、愤怒，进而采用了不当的处理方法。除此之外，孩子妈妈还对自己居家办公时，孩子频频找自己的情况感到烦躁，认为这打扰到自己的工作。从妈妈的表述中，我发现，无论是小A的爸爸还是妈妈都没有尝试去跟孩子沟通，而是在孩子的表现到了自己无法忍受的边界时，直接用不当的语言或行为惩罚孩子，因此这次表面上的冲突背后，其实是父母由于工作，而忽视了和孩子的沟通所导致的问题。

三、案例处理

对于小A在妈妈工作时频频找妈妈的情况。我首先试着让小A的妈妈从这个年龄的孩子本身对父母陪伴的需要和亲密关系的角度看待这个现象：这个年龄段的孩子是需要陪伴的，而孩子对于父母的依恋、敢于和愿意在父母面前表现，正是良好亲密关系的表现，这也是家庭教育的基础，如果孩子和父母之间没能建立良好的亲密关系，那么由于母子双方的信息交流不对等，当孩子进入到青春期后，独立意识增强，会很容易出现问题，所以作为父母，应该理解孩子的情感需求，并意识到和孩子良好亲密关系的建立对孩子的健康成长非常重要。

对于孩子过多使用ipad的问题。我了解到孩子没有跟着学校的课表上课，主要是学习自己报的其他课程，没有书面的练习和其他实践活动，没有明确的任务驱动，因此过于宽松的环境也导致孩子的自律意识不强，父母也没有在任务驱动的过程中和孩子有更多的交流。因此，我首先肯定孩子的学习能力，接着从保障学习进度一致的角度出发，建议将学校的课程安排进课表中，进入学习状态，这样父母也能够在具体任务的完成中与孩子有更多的交流。

最后，我向小A的妈妈收集了一些居家期间，孩子独立生活的资料，做了一个居家生活日记的小视频上传到班级公众号，她的妈妈虽然没有直接和我说什么，但是将视频分享到了自己的朋友圈，并配文“静待花开”。在这之后，我还从小A妈妈的两个行为上感受到了变化：一是有一天，孩子妈妈在朋友圈发了一张 图片，一只母狮子的嘴里叼着一只小狮子，并配文“你看待事情的角度，决定了你的感受”。我想，至少对于特殊时期换个角度去看待和孩子的相处，她应该有了一些新的想法。二是在新课学习开始后，孩子的作业基本上都能够按时完成，对学习任务的态度有所改变，也更加配合老师们的工作了。

四、案例心得

作为一名教育工作者，通过这个案例，我的心得体会如下。

1. 加强家校沟通，凝聚教育合力

教育即生长。教育不是学生、家长、教师某一单方面的事，而是多方都要参与的一件大事，因此，教师要转变观念，认识到家校沟通的意义，认识到家长教育的重要性，家校协作，发挥合力。

2. 要做有心人

陶行知先生说“生活即教育”，教育随时发生，教育工作者要抓住每一个契机实现对孩子的教育，教育不是只发生在教室里。

3. 要做好知识储备

当下，教师面临着多重身份的复杂挑战，教师的角色定位有了重大转变，从学科教学者到育人者，从学校人到系统人，从教育人到社会人，更需要我们打磨自身，做好知识储备，迎接新角色。

五、案例困惑

这次事件没有发生在教室里，孩子的妈妈也没有向我求助，但是这次事件却助推了这位家长对我的接受和认同。但是，在这样的情境下，班主任应不应该，应该以什么样的方式介入到这样的事件中呢？

六、案例研究者

屈琦琦　女　27岁　教龄1年　班主任年限1年

专家评语

完全是论文级别的个案分析撰写。要素齐全，重点详尽，条理清晰，论述扼要，特别抓住朋友圈这个不经意的渠道，发现问题，主动出击。作为一名教龄1年的班主任老师，难能可贵。

关注个别生：给特殊的孩子特殊的温暖

张　关

一、案例描述

“张老师，不好意思啊，我刚刚睡醒。在单位封闭好久了，回不了家，天天都是夜班，小L一直在河北奶奶家……直到我们解除封闭，我才能去接她，奶奶也辅导不了学习，唉……”

“天天在家跟奶奶玩，情绪有些起伏，她想回北京找我玩……是的，我俩都要上班，特殊时期比较紧张，孩子爸爸比我还忙。”

“张老师，您好，我还在单位封闭呢，大概得一个月，有什么事情，您直接跟孩子爸爸联系吧，让您费心了。”

这是最开始联系小L妈妈询问孩子近况时我收到的回复，三条信息让我揪心，也警示我必须给这个孩子更多的关心和关注。

二、案例分析

小L是一个平时在学校非常腼腆、不爱说话的孩子。课堂上，我从没听到过她回答问题，课下在一起玩的朋友也不多。即使我把孩子叫到跟前来，她的声音也小得要靠到孩子嘴边才能听清。同时，小L也是一个心灵手巧的孩子，喜欢画画，喜欢手工，喜欢转魔方，上课虽然不说话，但是她听得最专注，做什么都认真。私下里，我会经常逗逗她，希望她放开些，可她就是不笑，总是一副冷冰冰的样子。在疫情防控的非常时期，学校延期开学，父母又不在身边，孩子在心理和学业方面会有很大的压力，特别是小L这样性格的孩子，更需要老师的特别关注，让她能感受到温暖。

三、案例处理

1. 建立沟通桥梁

“您看是否方便把孩子奶奶的联系方式给我呢？我去找孩子聊聊，也能帮她解解闷。”我对孩子妈妈说。我知道，目前的当务之急就是先与孩子取得联系，只有在视频中才能看到孩子的状况，才能观察到孩子情绪的变化。在与孩子奶奶取得联系后，我发现奶奶的口音很严重，即使我全神贯注，认真倾听，有时候也只能理解个大概。不过值得高兴的是，我看到孩子的状态还可以，只是有些拘谨，我问一句她就答一句，有时候不说话我也不勉强。我多说，她多听听也是好的，因为我知道，她都听得懂，也会认真做。

2. 赋予孩子“宅”家生活的意义

小L离开爸爸、妈妈跟奶奶在外地生活，她还这么小，情绪上一定会有波动的。所以在第一次与身在外地的小L取得联系后，我第一件事就是希望孩子能理解特殊时期她爸爸和妈妈的难处，抚平她难过的情绪。视频刚接通，我就特别郑重地告诉孩子：“你知道‘逆行英雄’吗？可不光指医生，你的爸爸和妈妈都在坚守岗位，为国家做贡献，特别辛苦，他们就是我们心目中的英雄！”看着孩子发光的小眼神和想笑又憋住的可爱表情，我继续说：“所以，你在奶奶家不但要乖乖听话，学会规划自己的生活，还要懂事一点，经常给爸爸、妈妈打电话，关心他们的身体，叮嘱他们注意安全，做一个合格的女儿。”孩子自豪地笑着向我点点头。

3. 关心、指导孩子“宅”家生活

学校每周会给学生安排学习任务，我也会再私下发给小L奶奶一份，叮嘱孩子尽量按照我们制定的作息规律生活。在指导学习的过程中，我了解到奶奶家的学习资源很少，孩子的学习资料、课外书籍等都在北京的家里没有带。于是我搜集了一些学习资源供孩子使用。每次联系，除了询问孩子的作息、学习计划、劳动情况、体育运动等之外，了解孩子学习方面的困惑难题、愿望诉求，也成了我和小L奶奶每次的必聊话题。

4. 真诚鼓励孩子发挥所长

小L喜欢画画和做手工，奶奶家里的废纸箱等都被她利用了起来，今天做了个机器人，明天做了个小推车，过两天又做了漂亮的纸房子，还放上了枕头和床垫的，新点子层出不穷。每当她向我展示这些精美的作品时，我都会被那丰富的想象力和创造力折服，也从不吝惜我对她的夸赞。几次视频之后，小L常常主动向我展示她的成果，我看着孩子的转变，打心眼里高兴。

四、案例心得

作为一名教师，陪伴、关爱每一个孩子是我们的责任，在这个特殊时期，举国上下共抗疫情，能为学生、为社会注入一丝“春”的生机，也是我们义不容辞的责任。走进学生的内心，用爱意温暖他们；关注学生的动态，了解他们的需求；充分利用资源，为学生创造良好的学习条件，才能帮助学生健康成长。

五、案例研究者

张关　女　30岁　教龄8年　班主任年限8年

专家评语

案例撰写非常朴实。案件处理的四个方面很细致很扎实，完完全全做到“一人一案”，仅仅克服语言交流障碍要点，足以看出笔者的十足用心。并且，有很好的规律性总结。

曾经的你去哪了……

阴文平

一、案例描述

2020年注定是不平凡的一年。新冠肺炎疫情的肆虐，给我们原本平静的假期蒙上了一层阴霾。“停课不停学”“居家线上学习”成了疫情背景下教育的主旋律。这场疫情给我们所有人都敲响了警钟，让我们重新审视“生命教育”“生态教育”的同时，也应认识到“家庭教育”的重要性。

家长不仅是监护人，又多了引导者这层身份。但随着家长们陆续上班，班里出现了“留守儿童”，随之而来的问题是家长监管缺失，孩子学习积极性下降。我们六年级就有这样一个小姑娘小A，小A是北京户籍学生。小A的爸爸妈妈都是本科学历，父母关系比较和谐。小A的妈妈在检查院上班，做文案工作，晚上才回来。爸爸在监狱工作，看管犯人，有时整整一个月不回家。

小A平时在班里担任班干部，学习成绩优异，是个优等生。虽有些小个性，但一直以来表现突出，认真努力。可是线上教学期间，她交作业时间越来越延后，而且书写也越来越潦草。与之前相比简直判若两人，明显是在应付了事。英语老师也反映有时不交作业。

二、案例分析

陶行知先生曾说过：“生活教育是以生活为中心之教育，是生活便是教育；不是生活便不是教育。”目前因疫情而产生的“宅家”生活便是孩子们最为真实的生活状态。关注学生的居家生活，并给予有效指导，成了我们面对的新课题。

通过作业，我读出了小A 的焦躁与懈怠。父母都上班，爸爸一个月才回家一次。她独自在家时间久了，难免会出现情绪上低落、生活上焦虑等心理问题，从而导致学习态度出现问题。

“学习态度一般是指学生对学习及其学习情境所表现出来的一种比较稳定的心理倾向。”学习态度是在后天学习、生活中逐渐养成的，是不断地通过对目标的认知、对学习过程的情感体验以及对学习行为的坚持这一心理过程建立起来的，是教育工作者必须重点关注的问题之一。教师在教学过程中，要善于创设条件，培养学生良好的学习态度，这样教师和学生才会步入良性教学轨道。

三、案例处理

作为她的班主任，如何引导她调整好状态？又如何与家长形成教育合力？我陷入了沉思。我决定先沟通一下，那又该如何沟通呢？《教室里的非暴力沟通》一书中，提到了非暴力沟通的四要素模式，即观察、感受、需要、请求。其中，了解孩子内心的真实想法，明确孩子的需要是关键。如何开口呢？这是问题的关键，我决定以聊天为主，在沟通交流中渗透问题。

“小A，忙啥呢？3个月不见，老师想你了，你有没有想老师啊？”“老师，我也想你了。我正在看《草房子》。”听到是我，她很开心，滔滔不绝地给我讲起了《草房子》中她喜欢的情节，从她细致入微地讲述中，我听出了她对这部文学作品的喜爱。“老师，为什么细马辛苦地帮爸爸放羊？这都是由于他挑起来生活的重担。我不禁想到了自己，细马一大早就穿着一件单衣去田野上放羊，而我还在暖和点被窝里睡觉。挫折就如人生路上的绊脚石，虽然擦破了一点皮，却收获了一种坚强。”聊到这里，火候刚刚好，我顺势进入主题：“小A，通过交流，老师发现你特别喜欢阅读，如果其他作业也能像阅读这样，完成得这么出色就更好了，老师相信你会做得更好。”听到我这么说，她不好意思地笑了，我知道她明白了我的意思。

自这次沟通之后，小A无论是线上学习还是作业完成情况都有了极大地改善。在分小组合作交流时，她主动承担了小组长的职责，负责提醒同学按时参与讨论，并且把小组讨论的结果进行整理汇报。

每个孩子都是独立的个体，有自己独特的想法，孩子毕竟还是孩子，自控力和意志力还有待增强。坚持了一段时间之后，我发现几次腾讯讲解课都已上课，小A还没有进入，需要单独催促，才会进入会议室。是不是心理上又出现了波动？想想也是，没人沟通交流，疫情期间也无法出门，对于成年人来说时间久了也会厌烦，何况孩子？这一次我决定与孩子进行视频聊天。头像一映入眼帘，我就发现孩子没有精神。“小A，遇到什么不开心的事了吗？”我关切地问。“也没有，老师，就是一个人在家，感觉很没有意思，有时还有点害怕，我都一个多月没有看见爸爸了，也没有办法联系，妈妈回来的也晚。”听到这里，我心里一紧。是啊，从疫情开始，小A的爸爸基本就在监狱工作没有回来，手机也不允许使用。小A的妈妈也经常晚上才到家。随之而来的是一阵心疼。疫情期间，各行各业涌现出来无数默默付出的英雄，小A的爸爸就是其中的一位。想到这，我的眼中不知不觉浸染了一层雾气，作为孩子的班主任，我应该给予孩子更多的关爱。我尽量控制自己的情感，"孩子，不怕，老师陪着你。你可以经常给老师语音、视频，和老师聊天……"我还没说完，她就打断我："还可以和老师交流我读过的书，还要充分发挥班干部的作用，组织同学们积极参与线上学习和讨论交流，做好老师的小助手。"我俩都不约而同地笑了，教育最美的境界便是一切都刚刚好。爱，就这样，从这端的我流淌到那端的她。

虽然通过我的努力，孩子的情况有了很大的改善，但解铃还须系铃人。想要巩固这个局面，还是离不开家长的支持与配合。于是，我先给小A家长沟通，先把孩子最近的心理状况以及情感需要跟家长进行了反馈。并且针对这一问题提出我的建议。建议小A的妈妈下班回来尽量与孩子沟通，多听听孩子内心想法，这样孩子的情感就能找到发泄口。那如何进行亲子交流呢，单刀直入未必起到好的效果，而且对于六年级的学生来讲，可能会不小心引起反感情绪。针对这一点，我建议小A的妈妈以孩子的爱好为切入口，既然小A喜欢阅读，那就和她一起在书中畅游吧。"凡事预则立，不预则废"，首先，我们约好，和孩子一起制定相应的阅读计划。把主动权交给孩子，本着自愿、激趣的原则，并督促孩子按照计划有的放矢地去落实。

其次，还和小A妈妈达成共识，晚上下班回家陪孩子一起亲子阅读。小A妈妈是做文案工作的，文学功底很深，自身也很喜欢读书，母女俩在家开展了亲子阅读交流。每当和小A以及小A的妈妈了解近况时，我都喜从心来。

小A的爸爸由于工作的需要没法给予陪伴，但是小A对爸爸的思念又该如何安放呢？我又借机给小A 建议，每当有想对爸爸说的话时，可以用记日记或者画画的方式记录下来，这样等爸爸有时间回家时，就可以把这些点滴的记录做为礼物送给爸爸。就这样，我们家校联手，共同努力，找准突破口，对症下药，终于帮助小A重拾回曾经的阳光与优秀。

四、案例心得

1. 善于沟通，掌握技巧

与孩子沟通，策略和方法尤为重要。尤其是在这样一个特殊阶段，孩子因久居家中，心理上难免急躁叛逆。因此，我们老师和家长在指出其问题时，一定要注意语气，不要直奔主题，这样孩子容易产生抗拒心理。我们应该多观察，及时关注到孩子的需求，找到孩子感兴趣的突破口，再进行交流，定会事半功倍。

2. 尊重孩子，平等对待

现实生活中，有些老师、父母都喜欢用成人的思维方式来看待孩子的行为，孩子稍微有点失误偏差，就对他进行指责、批评。但事实证明，我们应该转变姿态，站在孩子的角度，把孩子当作独立的人来看，多沟通交流，少批评训斥。我们可以以建议的方式说出大人的想法，这样孩子更容易接受。

3. 找准切入点，以点带面

孩子的心理尚未成熟，他们还没有完善的自我认知能力。我们要对孩子及时肯定，让孩子体会到成就感。找到孩子感兴趣的切入点，恰到好处地利用好这一点，尽量给孩子一些积极的评价，以点带面。这样，孩子的态度也会变得积极上进。

五、案例困惑

研究过程中，如何对各类层次的家庭进行深入而细致的调查，形成数据，并且获得理论依据，从而避免盲目行动。

六、案例研究者

阴文平　女　35岁　教龄8年　班主任年限6年

散是满天星，聚是一团火
——疫情期间家校沟通策略

张秀文

一、案例描述

2020年的春季学期在新冠肺炎疫情防疫关键期拉开帷幕。因为不能如期到校上课，北京市的中小学家长担负着防疫、工作、孩子的学习生活等多重压力，学生也处在迷茫、焦虑甚至孤单的状态。

为做好疫情期间的班级工作，笔者积极响应我校德育部门号召，与家长预约访谈时间，每周至少电话联系每位家长和学生一次，及时掌握班级每个学生以及家庭的情况，以便提供必要的关心和帮助。笔者执教六年级，六年级的学生大部分已养成良好的学习生活习惯，能在学校出具的《学习内容安排表》指导下合理安排自己的学习生活，但学习生活的质量良莠不齐，家长和学生普遍对生活现状焦虑不已。

有的家长反映：自己是双职工家庭、每天孩子自己在家，线上学习的时间、质量得不到保障，常常下班到家发现孩子还在抱着ipad“做作业”，不让看了，孩子就会说老师要求必须交作业，家长苦恼不知如何是好。还有的家长十分焦虑，表示；每天学校布置的必修作业完成后，孩子便无事可做了，再待下去孩子就废了。

班里的绝大部分学生急切渴望复课，想与班级的老师同学见面、交流。部分学生表示：学校和家长布置的作业做完后就不知道干什么了，很无聊，也不知道班里其他学生的情况，心理憋闷、孤独。少部分学生因受网络诱惑，不能自控完成学校布置的学习任务，甚至影响作息，影响正常生活。如：小Y天天以看视频课、做作业为由，一连好几个小时待在卧室不出来，家长发现其实很多时候孩子在玩游戏，家长次次与孩子起冲突，收效甚微，家长不能时刻陪伴孩子学习，又不能彻底禁止孩子上网，陷入两难。在访谈小Y时，家长和学生各执一词，家长埋怨孩子，孩子又报喜不报忧，常常在跟老师打电话过程中，小Y母子之间就开始吵起来，亲子关系堪忧。又如：小Z父母离异，父亲为精神病患者，平时小Z在校表现很好，品学兼优，但疫情期间却因沉迷网络漫画、论坛，已多次不完成基本的学习任务，甚至半夜一两点钟也抱着手机不睡觉，年迈的奶奶管教不听，终日以泪洗面，只能求助班主任老师……

二、案例分析

疫情期间的居家学习生活极大程度的挑战着学生学习自律、生活习惯以及心理适应能力。家长的核心问题是：①因为要上班，没有时间陪伴学生学习。②六年级的孩子大部分进入青春期，家长频繁干涉学习生活只会加深亲子矛盾，所以家长既着急又找不到合适的方式指导孩子的学习。学生的核心问题在于：缺乏一个区别于家庭生活的学习环境，学生个人学习缺乏积极性，因为大都在家“单打独斗”，很难产生归属感。

当居家学习无法营造一个适宜学生学习生活的环境时，如果笔者一味在每周一次的电话里给家长支招，言语安慰学生也只是鞭长莫及，杯水车薪。笔者深觉必须改变眼下的家校沟通方式。

通过一段时间了解，笔者发现我班的学生各有特色：有学习刻苦努力，主动为自己加码复习；有的善组织，自发建群交流生活；有的信息技术过硬，朋友圈里视频编辑生动有趣；还有的在家积极劳动，经常帮助妈妈做饭……确如天上的繁星。可如今这闪耀的群星散落在天际，忽明忽暗，光芒也时隐时现，怎么样能汇聚这群星的力量，让每颗星都能更亮更好，笔者决定利用线上信息技术为家校沟通、生生沟通构建一张线上交流网。

三、案例处理

1. 发扬个性，引领闪光

为发现更多学生居家生活的闪光点，营造健康向上的居家学习生活氛围，笔者选择用微信“小打卡”小程序为班级建立生活展示小平台——“六12飞鱼之家”。平台分为：“厨艺大比拼”“我为祖国加油”“学习笔记分享”“运动小达人”四个常规板块和“妈妈，我爱你”母亲节专题板块。学生、家长、老师皆可以根据板块内容晒出自己的居家学习生活，互相交流学习。

打卡小程序一经推出，便吸引了全班学生和家长的关注。尤其“厨艺大比拼”常规板块和“妈妈，我爱你”母亲节专题板块受到大家的一致欢迎。有家长反映，看着班里其他学生展示厨艺，孩子也忍不住上网搜教程，第一次主动下厨给家里人做了次红烧肉，虽然有点咸，但全家都很开心。也有家长表示，自从迈入青春期以来，母子关系一直比较紧张，“妈妈，我爱你”的打卡小程序给孩子搭建了一个表达感恩的平台，家长表示自己也没想到孩子一直记得自己的好，也很用心地为自己准备礼物，感觉到了久违的温暖。

学生们通过小程序看到了班级里同学们认真细致的学习笔记、规律、多彩的运动纪录、才艺训练，也暗暗自己跟自己较劲。班级里打卡人数越来越多，生活也安排得日渐丰富。尤其班里的“小胖子”小L在小程序里记录了自己的“健康减肥餐”、打球跑步身影，短短几个月减下了10千克。这激起了班里“小胖子们”的斗志，纷纷开始了运动，晒出了仰卧起坐、踢球等运动瞬间，可谓掀起了班里的运动热潮。

经过一段时间运行，“六12飞鱼之家”切实发扬了每个不同家庭中孩子的个性，让他们的闪光点成了引领其他学生追求健康向上居家学习生活的星星之火。

2. 编织力量，汇聚火光

为最大限度地利用班级氛围、集体力量帮助指导学生顺利度过疫情期间的居家时间，笔者以成立线上学习小组为经，线上周班会为纬，编制了一张家校沟通学习生活保障网。

笔者班级有33人，学生自由配对，组建了六个学习小组，每个小组皆有科任老师随时答疑指导；组员可以在群里交流学习；小组长大都由沉迷网络游戏，不能按时完成学习任务的“擅长信息技术人员”担当，他们负责转发老师发布在组长群里每天的学习任务，督促组员上传作业，组织组员讨论学习和一天生活安排，每周在周会议上汇报小组学习生活情况。

每周的周班会定时在企业微信里召开，常规议程有：日常防疫问候、组长汇报一周组员学习生活情况、各科老师总结一周学科学习情况，班级优秀学生表现表彰及示范等。根据时事变化，主题议程有“向英雄学习”“感恩母亲”等专题活动。

学习小组和每周线上班会的召开，像一张严密的网保障了班级每一个学生的基本学习生活，尤其对于像小Y、小Z一类不能合理安排自己学习生活的学生来说，此方式让他们有了归属感，集体荣誉感，在家长监管有限的条件下，确实让他们步入了正常的居家学习生活轨道。在疫情期间，我们学风积极向上，生活丰富多彩，燃起了聚是一团火的光亮。

四、案例心得

此次疫情不仅对学生和家长是一种考验，对于在线组织教育教学工作的班主任老师来说也是一种挑战。班主任老师要及时热心了解班级学生、家长心理动向，积极构想班级线上学习生活组织策略。

当传统的打电话、发信息已不能满足班级家长、学生的学习生活需要时，班主任需要结合切实的班情，充分利用丰富多样的信息技术（如前文提到的小程序、视频会议、微信群组讨论等）构建适宜于本班学生的线上学习交流网，形成生生、师生、家校三维交织的立体组织方式。

班主任在建构线上学习生活组织方式的时候，要关注每个学生的个性和班级共性，才能使班级“散是满天星，聚是一团火”。

五、案例困惑

本案例的做法是首次试行，尚有思考不周之处，有些做法还应再实践打磨。

六、案例研究者

张秀文　女　30岁　教龄8年　班主任年限8年

专家评语

小组长大都由沉迷网络游戏、不能按时完成学习任务的“擅长信息技术人员”担当，这是一篇班级在疫情期间的“群处理”个案。案例书写字数虽然多，考虑到是以班级做个案，可以接受。笔者将资源进行有效配置，将所有学生统统视为资源。利用线上活动特点，生动有趣地开展学生之间的互动感染活动。

特别的环境满足特别的你

高春艳

一、案例描述

2020年的新春佳节，街道上依旧是张灯结彩，但却没有了以往的车水马龙、热闹非凡。一场突如其来的新冠肺炎疫情打乱了大家的生活。人们自觉地加强防护，减少外出。在疫情肆虐的境况下，延期开学、居家学习的要求接连下达。没有了学校课堂的学习环境，缺少了老师的指导监督，有的只是知识的线上传递，学生的学习效果能保证吗？说实话，老师和家长的心里其实都没有底。就在这样一段特殊的居家学习期间，我见证了小A的逆袭，原来他也如此优秀。

以前在学校里，小A是个不爱言谈的男孩，六年级，他神情冷漠，课下也很少与同学交谈玩耍。这样的性格跟他的单亲家庭背景分不开，妈妈一人带着他生活，又要忙工作，陪伴他的时间有限。妈妈对他的要求就是好好学习，又抽不出时间来耐心辅导，母子两人缺少亲情的交流，还常常因为做作业、玩手机等问题闹得很不愉快。上课时小A听讲容易走神，但他总是安安静静地，所以他的开小差往往被忽略了。他的作业中出现接连不断的错题，改错的任务都很艰巨。他时常出现在留下改错的名单中，是个语、数、英三科齐全的学困生。其实小A的学习能力并不弱，单独辅导时他思路清晰，能很快理解新知识。

令人意想不到的是，居家学习中的小A却仿佛换了一个人。他每次按时提交作业，还总会主动找老师寻问作业批改情况，改错也很及时。看到小A的转变我很欣喜，与语文和英语老师进行了沟通，两位老师也觉察到了小A积极的变化，还问是不是我这个班主任起的作用。其实我还真没专门针对他做什么工作，只是落实学校的要求，每周召开一次班会，单独找每一名同学线上谈心谈话而已。

二、案例分析

经过仔细分析，我发现小A的转变是由多种因素共同促成的。

1. 远离人际交往的压力

小A不喜欢与人沟通交流，即使是我单独找他谈心、给他辅导时，他都面无表情，显得非常冷漠。这是通过拒绝沟通来进行自我保护。集体的学习环境可能会给他造成人际交往上的压力，让他处于紧张和不安之中，无法集中注意力听讲。而居家学习时他可以在安全的氛围中学习，心情是放松的。

2. 认为自己被关注

居家学习期间，为了了解每个学生的生活和学习状态，进行有针对性的心理疏导，与学生的谈心谈话都是一对一进行的。在老师看来，也许几十次沟通都没太多差别，可是在学生的角度来看，一次谈话就是老师对我一个人的特殊关注。对比平时在校园里，像小A这样的学生可能就处在容易被老师和同学忽略的灰色地带，他们的言行、喜怒都得不到别人的关心。

3. 家长监管作用有所加强

因为疫情家长不得不与自家的熊孩子长期相处，亲子互动明显增加。家长有时间发现孩子的问题，调整孩子的问题，慢慢陪孩子长大。更重要的是老师教育的鞭长莫及，让家长不得不负起了原本就属于他的那份教育责任。小A的妈妈也是这样，有了大把陪孩子的时间，又怕孩子学习落下，每天都会督促孩子认真完成学习任务。

三、案例处理

为了巩固小A的进步成果，我在线上班会上重点表扬了他，号召大家向小A学习。这种宣传还营造了一种只要谁不努力就会被超越的氛围，使得班级的每一名学生都没有放松对自己的要求。我也更加认真地进行一对一谈心谈话的工作，学科教学中也经常进行一对一沟通辅导，让每个孩子都有一直被老师关心的感觉。

四、案例心得

对小A的研究分析让我感受颇深，再次证实了每个孩子都是不同的，有不同的成长需求。如果不是居家学习的特殊环境，我可能一直认为小A就是个不好好听讲，作业一塌糊涂的差生。小A的差以及和他类似学生的“差”可能也是因为个性化的需求没有得到关注。居家学习只是偶然，要满足学生的个性化需求却是必然。小A的案例让我有了很多工作启发：对于与人交谈紧张的孩子，是不是能改变一对一谈话的方式，用书信笔谈就能缓解不安全感；与家长沟通时也要明确责任，不要把所有任务都揽在自己身上，而我们的精力是照顾不到的；要通过一对一的聊天、任务、动作给学生传达——你一直被老师关注着。

五、案例研究者

高春艳　女　37岁　教龄15年　班主任年限15年

专家评语

非常有学理的一篇个案撰写。叙述简洁扼要，重点饱满，细节完整。看上去是不经意的结果，但敏锐地捕捉与再思考，使得疫情这种特殊环境下，对不同个体作用的逆向性极富价值。

家校巧沟通　让孩子爱上读书

张新玉

一、案例描述

今年的假期很不一般，受疫情影响，学生居家自学习以来，时间充裕、安排灵活，正是读书的好时机。班级上大部分孩子都很喜欢阅读，这个假期正是他们汲取书中养分的很好的契机。但是也有一部分学生对读书总也提不起兴趣，班级中的小宇就是其中典型的一个。

小宇是个很聪明的小男孩，平时的数学课上发言积极，但是一到语文，尤其到阅读课时，他总是愁眉苦脸，拿着书趴在桌子上发呆，要么就是偷偷打扰别的同学，为了这事，我也没少请小宇的家长，也去过小宇家进行家访。在家访过程中，我曾了解到小宇家庭不是很富裕，爸爸是一名送水工，妈妈开打印店，爸爸妈妈文化水平不高，每天比较忙碌，没时间照看孩子，时间久了小宇学习的主动性也就越来越低，家长对此也无计可施。

那天晚上不到十点，我接到小宇妈妈发来的语音，接通后便是小宇妈妈的哭诉，妈妈说小宇和她赌气跑出去了，矛盾的起因便是妈妈让小宇多读书，可是小宇偏偏不喜欢读书，拿着书本偷偷在下面玩手机游戏，被妈妈抓到了，妈妈先是一顿严厉的批评，见小宇不上心，妈妈便抬手打了小宇一耳光，听到这我不由得心一颤，想想平时小宇是个很敏感的孩子，妈妈动手打他他心灵上也是种伤害。妈妈说孩子很不喜欢读书，她希望小宇每天能用大量的时间阅读，不要把时间都荒废掉，每次催促孩子读书时都会和孩子闹得不愉快，这次小宇干脆直接跑出家门，说到这妈妈声音颤抖了，我赶紧安慰小宇妈妈让她别着急，想想小宇平时会去哪，找一找，正在我们一筹莫展的时候，妈妈说小宇回来了，坐在门口的台阶上不进来。我听到电话那头妈妈又要开始厉声呵斥孩子，我赶紧让妈妈把电话给小宇。

二、案例分析

小宇听到我的声音，立马冷静了下来，我们聊了一会儿，我发现小宇心里也很愧疚对妈妈的态度，但是妈妈每天催他读书让他感觉很烦躁，听了小宇的话，我有一丝欣慰，知道这孩子其实很懂事，知道理解父母的不容易，主要的原因还是在于对读书提不起兴趣，如何激发他的阅读兴趣便是我接下来要做的事儿了。我和小宇协商好，今后每天我们都会微信联系，我来带领他发现阅读的乐趣，从而爱上阅读。

三、案例处理

每个人都渴望被认同，小宇也不例外，对读书状况进行评价和鼓励，想必会起到很好的督促作用。第一天在微信沟通时，小宇告诉我他打算看看漫画书，虽然我平时是不太建议学生看漫画书的，但是每个人都渴望认同和欣赏，没有一个人希望被控制，所以我还是决定鼓励小宇可以坚持看下去。我顿时深刻地意识到，在和学生沟通的时候，我要注意说话方式，真诚地和他交流，定会事半功倍。

把鼓励写成文字发出，小宇获得了成就感。开始和我分享起他在书中看到的一些好笑的片段，我能感觉到屏幕那头他兴奋的笑脸。我回复她“真是太搞笑了，我真喜欢听你讲”，受到鼓励的他开心地回复我，相信他会保持着这份读书的热情，继续和我交流，获得更多的喜悦。没几天漫画书就看完了，小宇说不知道看什么书好，希望我能给他推荐，我想着机会来了，于是我向他推荐了《草房子》这本书，他很高兴地告诉我会认真看一看。

第三周，小宇找到我，告诉我《草房子》这本书很搞笑，和漫画书一样有意思呢，我听到他这样的回复简直开心地要跳起来，看来小宇已经对读这本书有了兴趣，我和他一起讨论着书中主人公的性格特点，就像好朋友在聊天，他给我讲述着他对于书中人物的想法，听他说的同时我也在酝酿着我的第二步计划。大岩俊之在《实用性阅读指南》第二章中提到要边读边做笔记，我国著名教育理论家徐特立也曾说“不动笔墨不读书”，可见，边读书边画批是一个非常实用的办法。于是我打算让小宇试着把书中人物的性格做一下批注，没想到当我说出这个要求时，小宇答应得很痛快，第二天他就把自己批注的一些内容发给我看，我一看概括的还真是挺到位。看得出他很乐于去做这件事儿。

看到小宇积极性越来越高，我趁热打铁，和小宇说，愿不愿意在这本书看完后，和班级同学分享一下，讲给大家听。小宇听到我这个提议，发来一串惊慌失措的表情，我继续鼓励他，最后他同意了，其实我能感觉到他心里还是很希望这样做的。读书分享那天，同学们都积极参与到小宇的分享中，大家纷纷为小宇发来一个个大拇哥，小宇顺利地完成了自己的分享，字里行间我感受到了他的认真。后来小宇妈妈在微信中告诉我小宇现在喜欢上了读书，每天吃饭都还要捧着书看。

四、心得与困惑

作为一名老师，我深知读书的好处，如何让学生有兴趣、读进去就是我奋进的目标。

五、研究者资料

张新玉　女　教龄8年　班主任年限8年

专家评语

从不爱读书，到可以读漫画，再到读《草房子》，再到边读边批注。本案例撰写以足够的笔墨叙述了这个过程，有细节有画面。并为此铺垫了出走这个剧情冲突高点，使得案例的可读性大增，学理性不减。阅读是一种行为，通常老师家长更着力帮助学生接受观念，阅读很重要。本案揭示的重要规律是，阅读要从阅读这个行为为起点，把观念浸透在行为过程中。步步为营，水到渠成。发现乐趣比牢记道理有价值，对于小学生。题目参考《助推孩子“坠入”阅读的迷宫》。

老师和家长是“战友”

于　森

一、案例描述

我们班有一个小女孩小A，刚接触时觉得她普普通通的，后来发现她自理能力和学习能力都弱一些，需要老师的额外帮助。入学资料中只有孩子妈妈的信息，平时姥姥姥爷接送接触得比较多，在家长开放日，她的妈妈找到了我，和我交流了一些孩子的事。在交谈中感觉到女孩的妈妈有些焦虑，向我咨询数学课为什么有的内容不讲。我安抚了家长的情绪，向她保证学校有统一的进度，绝不会有漏讲的情况。但是感觉到家长并不是非常满意，事后我也和数学老师沟通过，她也感觉到这位家长不是非常好沟通。

在学期中的一天，孩子姥爷突然找到了我，说了说家里的情况。我了解到，孩子妈妈和孩子爸爸离婚后，精神状态不是很稳定，最近情况又不是太好，所以姥姥姥爷就把孩子完全接手了，以后就是姥姥姥爷管，孩子姥姥加了我微信，说以后就和她联系就行了。

家庭情况：父亲情况未知。母亲研究生学历，在某国企上班。

二、案例分析

虽然现在有不少家长因为工作忙，孩子多托付给老人，自己管得少。但小A本身是离异家庭，需要特别关注，而现在小A妈妈又是这种情况，更要关注孩子的心理状态，是否需要额外关注，有没有对性格形成不良的影响。同时因为孩子的生活和学习都归老人管了，两位老人是否愿意配合老师，会不会忙于照顾孩子生活而没有精力管其他等等问题都浮现在我的脑海。而孩子本身的能力也并不是很强，所以情况更加棘手了。经过思考，我决定从校内和家庭两方面下手，制定计划。

不管是父母还是老人管孩子，希望孩子好的心是不变的。我想过最坏的情况就是老人不管孩子，只能靠老师的管教，如果要避免这种情况出现，就必须要把老人拉入我们的阵线，让她相信我们是一头的，老师是她教育孩子的智囊和后盾，我们共同携手就可以克服困难。

三、案例处理

针对这个孩子的情况，我和数学老师进行了沟通，我们都认为孩子的学习能力较弱，在家里能获得的助力要少，我们在学校要多关注她的学习效果，是否掌握学习方法。同时，也定时和姥姥姥爷沟通，针对孩子出现的问题和老人及时沟通，不仅仅是反映问题，而是告诉老人可以用什么方法做。

在疫情期间，孩子们开始了线上学习，很多事情都需要用到数码产品，注册、查找等。对于有的大人来说都有点晕，别提小A家父母指不上了。所以在第一时间我就联系了孩子姥姥，询问她在操作中的困难，给予解决。同时，我还发动了老师和家长的力量，请热心的家长将自己的操作录成小视频，发给姥姥，更加直观地学习如何操作。也和数学、英语以及体育老师联系，各科老师都一对一和姥姥联系，询问困难，提供方法。尤其是数学和英语，一直跟进这个孩子，及时解决困难，不让掉队。在几次和家长一对一的联系中，姥姥都特别感动，连连称谢。

在后期，学生要交作业，需要用到小程序，注册比较麻烦，每次都需要用手机上传。我也和数英老师沟通后，和姥姥联系，表示可以直接将作业私信给我，不用注册小程序。谁知，姥姥拒绝了，说一定学习会，不给我们添麻烦。我感受到了老人的真诚，只叮嘱了一些注册的方法，后来孩子一直是用小程序交作业的。

在这样的努力下，和老人的沟通进入了一个良性的循环，我和家长都在尽自己的努力替对方着想，尽量不添麻烦。在疫情期间组织的班级活动，每一项孩子都积极参与，我也经常和姥姥沟通，第一时间获取孩子的进步。

四、案例心得

从刚了解情况的焦虑和烦恼，到后面的理智分析，积极面对。我觉得老师首先要调节好自己的心态，才能更快地理清状况，找到方法。另外一点很重要的就是真诚，不管对方家长如何，释放自己的真诚，是一个好的起点。毕竟，孩子的成长是老师和家长的共同目标。

五、案例困惑

随着孩子年龄的增长和知识难度的增强，预感到后期处理这个孩子的问题难度会更上一个台阶，到时又会需要新的方法。

六、案例研究者

于淼　女　34岁　教龄12年　班主任年限11年

专家评语

非常典型的个案，特殊，离异＋监护人（精神状态不稳定）＋祖辈看护＋疫情线上教学。给出的解决方法也是特殊的，家长帮助家长，指导视频给力；各科老师多担，弥补家庭力量不足；姥姥感动，小程序再难也要攻克；一个都不能少，孩子没有被班级边缘化。撰写流畅扼要。

一次视频背后的故事

高焕超

一、案例描述

在2020年的春天，一场突如其来的疫情改变了人们原本的生活节奏，我们的教学方式也改为了线上学习。为了检测孩子们的学习效果，同时进行答疑，我在班级中定期举行线上小组视频活动，而在一次小组视频活动中，小辰的表现引起了我的关注。小辰的父母均在农科院工作，文化水平较高。妈妈搞调研，经常需要出差，而爸爸的工作也很繁忙，加班是常事，小辰平时由爷爷奶奶照顾，家中还有妹妹，老人精力比较有限。这次视频活动，我们检查了背诵课文情况，之后请同学们一起交流自己的仿写。在视频活动开始，小辰并没有按时来，而是在我联系了妈妈以后才进入视频会议。在背诵环节，他很流利地完成了任务。在交流仿写时，他迟迟不肯定把自己写的内容读出来，一直在吞吞吐吐的，在我一再地引导下，他也不说，而他的妈妈也用另外一个号一直在我们的小组中听。这个时候面对一直不肯说的小辰，其他同学有些着急了，也在一个劲儿地催促他，认为他耽误了时间。我一边安抚其他同学的情绪，一边询问小辰，要不要单独和我交流，他答应了，我们也结束了小组视频活动。

二、案例分析

通过小辰在小组活动视频中的表现，我发现，他迟迟不肯发言的原因是不够自信，而他不自信也正是因为他并没有认真对待这件事，只是随便写了写。在交流环节他觉得自己写得不好，就不肯说。其实小辰的想象力是非常丰富的，仿写对于他来说并不是一件难事，他在疫情刚刚开始的时候写了一篇《大战病毒》的想象作文，内容非常好，因此造成这样的原因是他的态度问题。

三、案例处理

在经过这次视频之后，我首先与小辰联系，询问他是不是因为觉得自己写得不好才不肯说，是不是他自己没有认真去写，得到的答案都是肯定的。随后，我与小辰的妈妈取得了联系，和她沟通交流这件事。我把我的分析说给了小辰妈妈听，也得到了她的认可。我说孩子其实是有能力的，是可以写好的，但是他没有认真去写，又觉得读出来面子上不好看，所以才会这样的。妈妈说孩子最近比较叛逆，不希望家长管任何学习的事，而他又比较贪玩，管不住自己，所以一到写作业就糊弄糊弄，草草了事。我和他妈妈的沟通也说到，孩子的自控能力较弱，就需要家长的监督，不能一下子就放手，什么都不管。我跟妈妈说，孩子希望自由，不愿意家长盯着，不喜欢听唠叨，这可以理解，我们可以试着一点点的放手，例如先拿出一门学科三天的作业，让孩子自主的完成，不盯着，但是到晚上要检查。通过作业的完成情况，决定家长的监督情况。如果前期三天孩子的作业完成得不错，自觉性也良好，那我们可以当作奖励，继续延长时间。但也要和孩子讲清楚，一旦出现了作业完成得不好，不自觉的情况，那家长就要更严格的监督。我请妈妈就先用这次仿写来试一试，让孩子自觉、认真地写，如果完成的好，请妈妈大大的表扬他，并进行奖励，可以在这一天都不盯着他写作业。孩子后来果真完成得非常好，我也通过单独的视频与他再次进行交流，肯定了他这次的学习态度，也表扬了他完成的内容，看得出他非常开心。

四、案例心得

通过这次的视频事件，我想我们要关注孩子行为背后的心理，更加关注孩子的想法和需求，通过孩子内心想要的东西去激励他的进步。例如小辰其实内心不希望听到家长的唠叨，不希望家长老盯着他，但是自控能力又有些弱，而他又喜欢表扬，我正是利用了这些特点来激励他，让他提升自控力的同时，又能认真地对待自己的学习，从而得到表扬和鼓励。

五、案例困惑

通过这样的沟通，我也在想如何能让家校结合的更好，能够共同促进孩子的进步。能减少孩子的反复的情况，如何使孩子能一直保持着这样的学习热情，而不是三分钟热度。

六、案例研究者

高焕超　女　37岁　教龄15年　班主任年限15年

专家评语

很完整的案例撰写。点很小，是疫情背景很常见的现象。如何把司空见惯的问题具体到个体身上，找到特殊点，并对此提出解决办法，取得很好的效果。这就考验班主任老师对具体学生的深入了解。行文简洁。

妈妈守护病人　我来守护你

董丹丹

一、案例描述

突如其来的疫情打乱了原本的学习生活，师生都在家中进行线上学习，老师们只能线上与学生进行交流，在一次电话家访的过程中，小李的姥姥突然跟我说："董老师，这孩子没法管了，我说什么都不听，在家就知道玩手机，每天都玩到后半夜，早上也不起床，一直睡到中午才起来，这可怎么办呀？这样下去孩子不毁了吗？"从姥姥的语言中能感受到她的焦急与无奈。"您先别着急，这是因为疫情原因，孩子一直在家隔离，作息时间有点混乱，我们慢慢帮助孩子调整。孩子既然不听您的，对您的语言很逆反，那么我跟孩子的妈妈联系一下，想办法解决目前的问题。"跟孩子姥姥短暂的交流之后，我拨通了小李妈妈的电话，电话一直无人接听，我焦急地等待着小李妈妈回电话。一直到晚上九点多，孩子的妈妈才回电话。从沟通中了解到小李的妈妈是一位社区医院的护士，疫情开始就被抽调到预检分诊处，这个岗位是一线中的最前线了，是第一个接触病人的人。除了询问接触史，还得问诊、登记、分诊、测体温，等病人离开了还得做好终末消毒的工作。看似简单但危险重重，它关系着所有当班医务工作者的身体安全，也承担着当天门诊病人的身体安全。每天早上7点上班，一直要到晚上9点才能回到家中，还要经常值夜班，所以孩子的作息时间都是混乱的。妈妈下夜班睡觉，小李也跟着睡，到了晚上睡不着觉就开始玩手机，玩网络游戏。

二、案例分析

小李的这种情况非常典型，这与家庭教育有很大关系，妈妈防疫一线人员，没有时间关注孩子的学习和生活，由于孩子年龄较小，自我管理能力较弱，面对网络游戏的诱惑很容易沉浸其中。另外，居家学习期间学生的心理承受着很大的压力，他们特别害怕新冠病毒，不敢出门，与外界基本上是零交流。虽然都是不满十岁的孩子，但是他们也需要沟通，倾诉，把内心的恐惧、焦虑表达出来，尤其是与同龄孩子之间的交流就尤为重要。如果缺少父母的关注，与伙伴的倾诉，孩子的心理压力得不到宣泄，就会找到网络游戏这一出口。因此，关于小李的问题应该从学校、家庭和自身三个方面入手，解决孩子作息时间混乱，不学习，玩网络游戏的问题。

三、案例处理

1. 引导学生自己制定作息时间表

我跟小李进行了一次视频聊天，让孩子说一说每天都做些什么，聊天之后发现，孩子对时间没有概念，都是凭自己的感觉来，困了就睡，醒了就玩。我与小李一起制定作息时间和学习计划。让孩子妈妈帮忙把内容记录在纸上，贴到醒目的位置，全家人一块按照时间表来督促孩子。我每天早上打电话叫学生起床，晚上九点提醒学生上床睡觉，经过连续几周的持续关注，孩子的作息时间逐渐正常，学习情况也有所改善。

2. 利用微信群展示学生的居家生活

为了看到学生的居家学习生活情况，在疫情期间，发挥微信群的作用，鼓励学生在群里晒出一天的学习和活动状态，每一张照片我都认真点评，尽可能地发现每一位学生的优点，鼓励学生发挥自己的长处。学生看到这些亲切、鼓励的话语，消除了焦虑和烦躁的情绪。看到同学们学习活动的照片，小李也按捺不住了，开始让姥姥发一些照片到班级群里面。我抓住机会，点评小李的照片，肯定了她的努力，从此以后经常能看到她的居家学习生活照片了。

3. 定期召开小组视频会，让学生能面对面地交流

在疫情开始的初期，学生都处于居家状态，家门都没有出去过，很少见到家庭以外的人，心理健康会受到一些影响。孩子需要伙伴，需要交流，因此我帮助同学们搭设交流的平台。征求家长的意见，根据不同的时间段，建立了六个视频交流小组，在小组交流时，小李特别开心，对着镜头不停地摇晃着脑袋，开心地看着其他同学。听到其他同学每天的学习任务很多，她主动要求妈妈给自己买一本练习册，想练习一下，让学习成绩越来越好。妈妈收到这样的微信直接转给了我，孩子知道学习了感觉很激动。

四、心得与困惑

小李的情况引起了我的反思，我又跟孩子的妈妈进行了几次深入的交流。小李的父母很早就不在一块生活了，她一直跟着妈妈、姥姥生活。老人基本上就是负责给孩子做饭，其他方面都插不上手，孩子也不听老人的，老人说得越多孩子越逆反，家庭关系越来越紧张。教育孩子的任务自然就落到了妈妈的肩上，由于疫情原因，工作量和工作时间直线上升，没有时间和精力再关注孩子，最终导致小李的学习习惯和作息时间越来越不规律，每天沉浸在游戏中不能自拔。在家庭教育中，仅仅依靠一个人的力量是远远不够的，要发挥家人、学校、同学多方力量，共同支持孩子的成长。

其实，小李的这种情况绝不是个别的，由于疫情原因，学生居家学习，但是父母需要外出工作，很多学生都面临着无人看管的情况。有的学生就能很快适应这种生活，学习能力和自我管理能力逐步提升。我们应该改变一下教育的思路，学生不是靠目不转睛地看着的，应该努力培养学生自觉主动地学习，养成良好的生活习惯，形成有规律的作息习惯。但是这些习惯的形成并非一日之功，面对外界的诱惑，加上自控能力不够，也会经常反复。因此，帮助学生巩固现有的教育成果，逐步形成受益终生的习惯是至关重要的。

五、研究者资料

董丹丹　女　38岁　教龄14年　班主任年限14年

专家评语

线上教学出现的普遍性问题，出路还在线上。案例撰写者清晰地分析问题原因，提出解决办法，记录收效情况。完整地解决方案，既适用小李，也适用其他同学。

手挽手　齐步走

李　霞

一、案例描述

我们班上有一个男孩子小涛，人很聪明伶俐，有点结巴。他并不是我们班学习最差的，但是在疫情期间这个孩子在学习上出现了很大的问题，就是作业交的很晚。每天晚上10点左右才能上传，而且作业的质量也不高，需要反复改错。

家庭情况：父母本科学历，妈妈是护士，爸爸在公司上班。家住学校附近，居民户口。

二、案例分析

思前想后，究其原因，我觉得原因可能在于家长的督促不够。于是，我找出了家校联系簿，打通他妈妈的电话，决定和她做一次深度的交流。

通过交流我了解到，孩子从小没有养成良好的学习习惯。4岁之前一直是保姆带着，没有进行任何学前教育，认字少、读书少，就连说话都有浓重的口音。后来父母意识到不能这样让孩子上学，才接到自己身边慢慢纠正。孩子干事有热情，但注意力不集中，自控能力差。疫情期间，父母接连上班，工作繁忙，孩子与爷爷、奶奶一起生活。老人很溺爱孩子，他想干什么就干什么，没人督促其看网课。家里老人经常拌嘴，又与孩子的妈妈相处不来，所以妈妈很少回去管孩子。小涛白天就是放羊状态，在家随意看电视，只能等晚上爸爸回来后辅导功课。

三、案例处理

此时，我清楚了孩子之所以会成为现在这个样子的根本原因，也很庆幸自己在进行家校联系时，没有一味地批评教育家长，忙于给孩子的情况定性，而是耐心的倾听了家长的“心声”。于是，在我们的共同商议之下，制定出了一套《家校协作公约》，希望能促使孩子的行为有所改变。

（1）让孩子理解父母的艰辛。

（2）家长教会孩子如何用平板电脑上网学习，如何上传作业。

（3）爸爸和老师白天分别打电话督促孩子学习，老师会随时指导孩子的作业。

（4）每天晚饭后，建议家长主动询问孩子在这一天的语、数、英课上都学到什么知识了。可以让孩子当自己的小老师，把学习的主要内容复述一遍。

（5）看到孩子的进步后，一定大力表扬；看到孩子的不足，一定委婉批评。

（6）家长务必多抽出时间来陪伴孩子。

在签订了这样一份《家校协作公约》之后，其实我的心里很忐忑不安，唯恐怕给孩子造成严重的心理负担。但是，在一段时间的实践之后，我每天都能看到小涛的进步。上午能把作业做完上传，下午在我的指导下把错题改完。后来主动发信息告诉我他的作业完成情况，请我先给他批改。每次接到我的电话，也能欣然地接受修改意见，有问题主动询问。家长可喜的发现孩子能主动地看书了，晚上也有时间练习阅读了。

四、案例心得

家校联系工作在我看来不是呆板、机械化的教育工作，而应该是一种充满情感和人性化的交流的过程。家校联系就像一座桥，能将孩子、家长、老师的心紧密地联系在一起。

“停课不停学”的网络学习形式在监控上有一定困难。学生的学习，从学校回到家庭，一下子从专门的学习环境回到家庭的生活环境，这意味着教师对学生学习的控制性，相比于学校教学环境下学生的学习而言大大降低了。这时，家庭教育的地位、特点与意义在客观上决定了学校对家庭教育指导的重要性。当两种教育进行了科学的联合后，“教育”不再是难题，“教育出优秀的孩子”也不再有困难。

越是特殊时期我们越要记住沟通的三点原则，第一个是主动，不要等待家长来问，家长来咨询，家长来主动跟你抱怨时才沟通。第二个就是及时，在家长发现问题之前，把各方面的工作都要沟通到位，一定要越快越好。第三个是走心，千万不要过程化，走形式主义，家长不吃这一套。你越走心越能够打动他，家长会多一份包容，多一分理解，多一分耐心，多一份善意，我们的很多家校沟通的工作，就能更好地顺利开展。

百年大计，教育为先。针对蒸蒸日上的基础教育来说，学校教育固然是万分重要的，但家庭教育更是必不可少的。作为教师，我们只有走入了孩子的家庭，抓准了教育契机，找对了教育方法，才能做到教育孩子时得心应手！

五、案例困惑

家长忙于工作，对孩子的管理放任逐流，永远认为自己的孩子最好。有问题不能及时和老师沟通，不能尽早地帮助孩子改变不良的学习习惯。如何能让家长意识到，他的陪伴与付出是孩子茁壮成长的动力，是家庭幸福的助力，是家校联系的协力。

六、案例研究者

李霞　女　44岁　教龄24年　班主任年限23年

专家评语

干货满满，言简意赅的案例撰写。调查原因，解决问题（学会上传作业），及时鼓励，响应进步（学生主动要求先改自己的作业）。应了抗击疫情常用的“一事一案”“一患一案”，笔者做到“一生一案”。

让孩子做自己的小主人

王　晴

一、案例描述

由于疫情原因，学生经历了长达一个学期的居家学习生活之后，紧接着迎来了暑假时光。在这将近8个月的居家生活中，如何合理科学地安排学习生活成了广大学生和家长关注的话题，也引发了学生和家长之间的冲突与矛盾。

主人公小Q是一名二年级学生，在学校里活泼、开朗，是一个有责任心的小男孩。父母均是大学本科毕业，家里还有一个妹妹，一家四口居住在学校附近。爸爸在教育培训机构上班，工作非常忙，妈妈全职在家照顾小Q和学龄前的妹妹。

在电话里，小Q的妈妈跟我抱怨到："哎呀，王老师呀，我家小Q就是不爱学习，做什么都得让我催着，作业明明都会，您反馈回来的却还是有很多错误。每天也不知道心里在想什么，一点儿都不知道自己要做什么。我一让他学习，他就跟我说'凭什么我要写作业，而妹妹不用写作业'，弄得我好无奈啊！"这时，小Q在旁边听到了妈妈跟老师的"告状"，立马附和道："我像妹妹这么大也写作业，为什么她不用写？"妈妈听到后，无奈地笑了笑说："王老师，您说怎么办呀？"为了更加透彻地了解小Q和妈妈之间存在的问题，我问："您说的他不爱学习体现在哪些具体的事情上呢？"妈妈随后便细数小Q令她头疼的各种行为，小Q每天睡到八九点钟才起床，会迷迷糊糊地晃悠半天，才知道按照妈妈说的去刷牙洗脸吃饭，接着又需要妈妈催促几遍再去上网课、学习，然后就会很快地应付完作业之后去玩。妈妈一检查作业，就总会出现丢单位名称、算错数等问题。妈妈就会把小Q批评一通，但第二天同样的错误仍然会出现。用妈妈的话总结就是只要不提学习，跟孩子相处的状态就是母慈子孝，一派祥和欢乐。

接着，我又与小Q同学进行了交流。在问到假期里让他印象深刻或者非常有趣的事情时，小Q表示在他的记忆里并没有，妈妈每天都让他学习，然后在晚上的时候到小区里和小朋友们玩一会儿。在妈妈的描述里，爸爸妈妈会带他去奥森公园散步、打羽毛球和骑自行车。但是在小Q看来，这些貌似不是他十分感兴趣的事情。

二、案例分析

听了小Q和妈妈的叙述，他们存在的问题主要集中在妈妈是希望我说什么孩子就去做什么，也就是一切要听妈妈的安排，而小Q则是想做自己感兴趣的事情，对于妈妈吩咐的事情表示很不情愿和草草应付。这时，小Q和妈妈则就像拴在一根绳子的两端一样，小Q有了自己的想法，尝试着朝着那个方向前进，妈妈则是朝着自己对小Q期望的方向使劲儿拉拽着。然而，现在这根绳子被抻得直直的，小Q在前进的同时又不得不在妈妈的努力下后退着。究其原因，这种现象产生的主要原因有以下几方面。

1. 家长对孩子的年龄特征的了解滞后

三年级在小学阶段是过渡年级，是孩子跨入中高年级的起始年级，随着年龄的增长，他们的心理状态也随之有较大的成长和变化。三年级的小学生是形成自信心的关键期，他们更加关注别人对自己的评价，正面或负面的评价会促使他们产生自我确定感、积极的向上心态或消极的自我否定、失去信心。由于生活经验不足，他们在产生矛盾、遭受指责等情况下，容易产生紧张的情绪，心情容易变坏，从而影响自身的行为和与他人的交往。同时从三年级开始，学生进入少年期，此时会出现一种强烈要求独立和摆脱成人控制的欲望，因此他们的性格特征中也会表现出明显的独立性。同时，随着年龄的增长，他们对外部控制的依赖性逐渐减少，但是内部的自控能力和价值观念又尚未发展起来，还不能有效地调节和控制自己的日常行为。

通过与小Q妈妈的交流，可以看出，妈妈对待小Q的教育态度和方式仍然停留在低年级的阶段。在小Q妈妈的心里，小Q还是那个学习习惯不好、学习态度不端正，需要自己不断地催促和监督，屡次出现错误时也需要家长严肃的态度和一味地批评。但小Q妈妈忽略了过多的负面评价对小Q自信心和情绪上的打击以及小Q逐渐增强的自主意识，这导致了小Q对学习产生抵触情绪和学习效果的下降。

2. 家长与孩子的沟通不足

家长与孩子之间的有效沟通是家庭教育的重要桥梁，这往往决定了孩子与父母之间的关系和孩子性格特征和意志品质的形成。在与孩子交流的过程中，家长要以了解和理解孩子为目的，走进孩子的内心世界，发现他们想表达的意愿和兴趣。同时，家长要以平等的身份表达对孩子的尊重和信任，不能用高高在上的姿态命令孩子按照自己的指令来行动，让孩子做一个“提线木偶”。另外，家长与孩子的沟通要及时，通过随时随地的谈心掌握孩子的心理变化和情况，及时地进行教育或给予指导，不能等出现问题了再来责备。

小Q妈妈与孩子沟通的内容和方向出现了偏差，过于集中在发布学习指令、批评学习中出现的问题，没有搭建起妈妈了解小Q并进行教育引导的有效桥梁。这就导致了妈妈认为自己一直在忙于抓小Q的学习却没有效果，而小Q觉得这是一个无聊却压力很大的假期。

三、案例处理

在明确小Q与妈妈之间产生的问题后，我再次与小Q的妈妈以让孩子做自己的小主人为主题进行了深度的沟通，让小Q妈妈对三年级的孩子的心理特征有了进一步地了解，从而也使小Q妈妈理解了孩子出现种种情况的原因。同时，我给了小Q妈妈两个行动的方向，一是让小Q自己制定每天的作息时间表。与之前不同的是让小Q根据自己的心意决定学习和休息的时间，妈妈则帮助小Q梳理第二天的学习任务和学习目标，并在第二天晚上与小Q一起对照着制定好的学习任务和目标进行评价。此外，更重要的是妈妈要听一听小Q当天实施自己计划的感受。二是让小Q计划一次周末家庭出行计划，确定目的地、行程安排，等等，然后由小Q带领全家出动。关键的环节是结束活动回到家后，爸爸妈妈要和孩子聊一聊白天的活动感受。在与孩子聊感受的时候，家长要用欣赏的眼光对孩子进行肯定和鼓励。

两个小任务都是以让孩子做小主人为中心，满足孩子独立自主的欲望，建立孩子的自信心，再通过家长与孩子聊感受的环节让孩子发现、改进他们存在的不足。与此同时，把家长与孩子沟通的重心放在了关注孩子情绪上，不仅使家长关注到孩子的心态和情绪变化，也让孩子感受到父母对自己的关心和爱护。

一周后，小Q妈妈向我反馈说她看到了孩子的变化。小Q的作息时间逐渐变得有规律，不再时时刻刻需要妈妈督促和提醒。小Q妈妈感觉孩子在慢慢长大，不再是那个需要自己处处操心规划的孩子了。

四、案例心得

根据对上述案例的分析，我认为随着孩子年龄的增长，教师和家长要逐步“放手”和“退步”，让孩子做自己的小主人。换言之，就是给予孩子实践自己想法的机会，培养他们面对错误的勇气，用理解与爱支持他们改进，在不断地实践中锻炼意志，形成品质。

五、案例困惑

案例中的小Q同学是一位个性特征明显的孩子，有着自己的想法和兴趣意愿，只是没有被家长了解和支持。通过与家长的沟通，能够借助活动给予帮助。班级中的个别学生平时乖巧听话，能够非常出色地完成老师和家长布置的任务，但在需要她表达自己的喜好和意愿时却犹豫不决，不能够直接果断地说出自己的想法，因此，如何激发“乖孩子”的个性特征是值得再进一步研究和探讨的问题。

六、案例研究者

王晴　女　25岁　教龄3年　班主任年限3年

专家评语

案例没有停留在问题解决上，而是思考另一类“乖孩子”的问题。案例撰写也抓住亲子期望值不对称的矛盾，指出家长在陪伴孩子成长中的跟进滞后。

10岁男孩沉迷漫画书

梁小信

一、案例描述

新接班，为了尽快了解班级情况，我虚心请教原班主任，了解孩子的学习、性格、家庭环境、爱好特长、优缺点等诸方面情况。对孩子们有个整体了解后，针对每个孩子的情况，开展一对一线上家访和师生沟通。通过家访，我对孩子们的个人情况、家庭情况、困难困惑等了解的更加深入，拉近了与孩子和学生家长的距离，为学生解决了不少实际困难，为暑期家庭教育提供了有力支持。在家访的过程中，我接触到一个棘手案例。

小A，男孩，10岁，马上进入五年级，聪明伶俐，从成绩来看，不算最差。根据原班主任介绍小A做事稍显拖沓，上学容易迟到。小A父母都是大学本科以上学历，国有企业职工，工作较忙，经常跟项目出差，孩子多由老人照顾，家庭经济情况尚可，北京有住房，家庭成员关系和谐。

小A妈妈告诉我，小A一直喜欢看漫画书，她多次提醒孩子应该多看些对学习有用的书，但孩子不听，甚至晚上等大人睡着了偷偷看，导致第二天起不来床。当问及孩子为什么读漫画书时，孩子说他喜欢漫画书，长大以后要当漫画家。小A妈妈对小A漫画家的理想并不支持，但也无可奈何。

二、案例分析

我觉得，跟那些什么书都不爱看的孩子相比，爱看漫画书的小A还是很值得肯定一下的。漫画之所以能够让孩子如此沉迷，因为这一艺术形式符合孩子生理、心理发展的特点。几乎每一个读书的人，一开始看的都是这些流行娱乐类的书籍并且乐此不疲，直到有一天，忽然觉得这些书没有什么营养了，于是开始寻找更加不同的、经典的书籍阅读。这个过程的几乎是不可跨越的，所以我们不妨接受孩子爱看漫画书的这个现状。

重点是凡事要有个度，从小A妈妈陈述中得知，小A晚上不睡觉偷偷看漫画书，第二天甚至不能按时起床，联想到原班主任说孩子有迟到现象，我觉得小A沉迷漫画书显然超过了一定的度，应该及时引导约束。

询问孩子暑期与同学交流情况时，小A回答没有交流，这也显示出“朋友少”也是小A漫画成瘾的原因之一。再加上家长工作比较忙，家庭互动少，孩子健康娱乐活动少，学习生活单调，导致其逐渐沉迷于虚拟的漫画世界。

三、案例处理

针对孩子的情况，我采取了以下措施。

（1）向小A父母分析了小A喜欢看漫画书行为是正常的和值得肯定的。不必一刀切，完全禁止孩子看。甚至父母可以和孩子一起看漫画书，监督孩子漫画书质量，尝试理解孩子喜欢看漫画书的原因，与孩子交流讨论，积极引导孩子思考，以漫画书为切入点，逐步引导孩子阅读文字更多的书籍，逐步减少漫画比例。

（2）建议家长与孩子约定好阅读漫画书的时间和时长，违反约定的，以暂时没收书籍两天等作为处罚，而不是完全禁止，逼的孩子晚上偷偷看。

（3）建议家长尊重孩子，当孩子谈及理想时，即便不符合家长预期，也应给予鼓励，引导孩子成为漫画家需要付出很多的努力，除了绘画能力，阅读写作能力、想象力、逻辑思维能力、知识储备量等缺一不可。

（4）我建议家长尽量多花时间陪伴孩子，做一些有意义的亲子活动，培养孩子多方面的兴趣，鼓励孩子多交往，多交同龄朋友，丰富孩子的生活。

（5）然后我又与小A单独进行了一对一沟通。因为我上大学时候从事过漫画书籍的脚本编辑工作，我就以自身的经历告诉小A，想成为优秀的漫画家，只看漫画是不行的，还要会写、会画，而且要写得好、画得好。而这些需要自己不断学习，大量阅读优秀书籍，积累知识，磨炼写作功底和绘画技巧，同时还要努力进入国内外顶尖的院校，跟最好的老师，下最大的功夫，才能成为优秀的漫画家。

（6）最后，我问了孩子最近与父母相处的怎么样？孩子如实告诉了我真实情况，并要求孩子和家长分别陈述一下自己在此次冲突中的错误做法。通过引导家长和孩子反思，调和双方矛盾，促使他们握手言和。方便家长下一步对孩子采取科学举措开展教育。

最终，家长也认识到自己教育方式欠妥之处，对我表示感谢，孩子也特别喜欢我，也意识到应该如何把学习和漫画兴趣结合起来。

四、案例心得

在具体的沟通中，教师一定要站在家长的角度考虑问题，提出一切建议的出发点都是为了孩子好，才能取得家长的信任。只有真诚相待、彼此尊重，互相信任才能达到心与心的交流。

对待孩子出现的问题，要正反两方面分析，尽量先看到问题的有利方面，让家长和孩子乐于接受，然后再循序渐进、环环相扣的深入分析。提出的举措要有理有据，便于操作，让家长不觉得你是纸上谈兵。与孩子沟通，尽量不要让其知晓父母说了什么，也不要一上来就先批评孩子，这样孩子会觉得父母在老师面前出卖了他，而且会对老师后面的教育产生抵触情绪。

教育孩子要从孩子感兴趣的点切入，尊重孩子的想法，倾听孩子内向真实的愿望，从孩子身心发展规律入手，采取科学合理的手段，逐渐引导孩子走上正确轨道。

五、案例困惑

当我建议小A父母多花时间陪伴孩子的时候，他们均表示工作实在太忙确实没有太多时间陪伴。对此我暂时没有想到好的办法。

六、案例研究者

梁小信　女　32岁　教龄半年　班主任年限0年

专家评语

资深新兵，看来是把过往的经验有益地汲取到教书育人中来。四个亮点，一是交接班的关注点；二是判定问题的性质；三是给出可操作性且全面的方法；四是结合亲身经历将漫画生产与个体素养的关系。解决漫画引起的问题，还是要借助漫画。

家长的陪伴　孩子的转变

刘　丽

一、案例描述

疫情期间，经调查四年级10班一部分孩子居家学习过程中有家长的陪伴，一部分则由老人带着甚至是自己独自在家学习生活。小臣就是由老人带着的孩子，每天的学习都是由小臣自己来完成，偶尔也会玩玩游戏，看看电视。6月复课后没几天又开始居家学习，从那天开始，小臣的作业连续好几天不交了。我赶忙拨通了妈妈的电话询问情况，“小臣这几天总是不能按时交作业是什么情况啊？”妈妈的回答是：“这几天下班比较晚，回去后孩子已经睡了，我也发现这个问题，我和爸爸督促了几回，孩子就是不写，还说就是不想写，老师我们先不管他，看看到底能拖到什么时候。”就这样电话挂断了。后一段时间小臣就这样有时交作业，有时不交的。与孩子沟通后，效果也不是很明显。终于等到了放假，假期中，我又与妈妈联系，问问孩子的情况，妈妈说：“由于每天上班，没人管孩子，就把哥俩送到了姥姥家”，不在父母身边，具体的情况也不是很清楚，我也就没有多问其他的情况。离开学还有半个月的时间，妈妈突然打电话跟我说：“老师我把孩子接回到身边，发现作业不会写的都空着，而且每天都在玩手机，对什么都没有兴趣，只是沉迷游戏，这可怎么办啊。”妈妈的一番话，看出了着急和焦虑，不知所措。

二、案例分析

小臣是一个听话、胆小、依赖性很强的孩子，家里他是老大，还有一个比自己小五岁的弟弟。学习没有一个相对安静的房间，每次小臣学习老二都会来捣乱，或者喊着要和哥哥玩，小臣无法静下心来学习，一个学期的居家学习，小臣在学习上的专注力很差，而且玩心很重，没有养成好的学习习惯。

爸爸妈妈都是公司的职员，但是妈妈工作很忙，每天回家很晚，大部分时间都是由老人带着。妈妈管孩子比较严格，一是一,二是二，要求做的事情必须做好，可是由于工作原因没有时间管孩子。爸爸每天下班不晚有时间管，但是爸爸管教是放养型的，差不多就行，从不跟孩子较劲。再有老人带孩子就是吃好不闹病就行了，学习也就没法管。在没有妈妈的陪伴和督促下，小臣的作业也就是一拖再拖。作业不会写放着，又没有喜欢的事做，手机就成了他的玩伴，除了完成简单的作业外，大部分时间就是玩游戏，看电视，老人也管不了。这样的生活环境，不自觉的学习状态，导致了小臣不爱写作业，沉迷于游戏中。

三、案例处理

在长达一个小时的通话中，我也向家长介绍了一些方法。首先在学习环境上，老大学习时，让老人带着老二外出活动，尽量不影响小臣，做到老大老二分开。其次问题最大的是手机玩游戏问题，快开学的这两周，妈妈与小臣制定手机使用制度，周一到周五不碰手机，妈妈上班将手机带走，每天留好作业，回来检查。周末可以在妈妈的陪伴下适当玩一会，这个制度一直延续到开学。最后就是学习没有信心，遇到问题就退缩，比如背书，遇到很长的课文怎么办，可以分段背，将学习任务分解成几个小任务，降低难度。

孩子出现这样的问题主要原因是陪伴的太少。在谈话中妈妈也认识到了自己的一些问题，不关注孩子，不闻不问，顺其发展。妈妈表示从现在开始尽量早回家，陪孩子完成不能自己完成的学习，督促监督加表扬，让孩子尽快进入学习状态。而且还反复强调开学后也不会对孩子放松，时不时要关注着学习，有问题及时与老师沟通，想办法解决。自己再学习一下关于教育方面的书，让自己和孩子更快地适应。小臣本就听话，妈妈说的话以及制定的一些制度，他还是听得进去的，必定才只有10岁，还没有到叛逆期，所以适当的说教还是管用的。过了一星期，我又问了问了孩子的情况，这回妈妈不在焦虑了，从电话中可以感受到妈妈的高兴，虽然看不到孩子有多大的转变，但我相信，有了父母的关注和陪伴会给孩子带来或多或少的变化。

四、心得与困惑

家长沟通，家校合作是关键，孩子的问题有时候不是单一的问题，往往与家庭有很大关系，家长养育方式的转变会产生巨大的作用。耐心与坚持是保障，学习习惯和行为习惯的养成是持久战，需要日日去强化，时时去监督。

疫情期间像这样的孩子不在少数，作为教师也只是凭着一些自认为经验的方法告诉家长，方法有了但是不起效果，面对家长提出孩子反复出现的问题，我们又该如何帮助家长呢?

五、研究者资料

刘丽　女　教龄23年　班主任年限23年

专家评语

姜还是老的辣，这个案例可以作为教科书。学生的问题对客观条件充分评估，学习张弛有度，节奏也是循序渐进；陪伴陪伴陪伴。

多一分了解 多一分理解

郭巧妹

一、案例描述

在疫情居家学习期间的一个中午，我突然接到一个微信语音电话，接听后从电话中传出了带哭腔的声音："老师，我该怎么办啊？"一听这话，我立马警觉起来，边安慰，边了解情况。

经过了解，我知道了原来小A姥爷患有阿尔兹海默症，近期病情更加严重了。当天中午给我打电话就是因为姥爷又在小区内捡垃圾，并且还被其他捡拾垃圾的人欺负，小A看到后觉得很丢脸，就跑回家大哭大闹。小A的妈妈因为在上班，家里只有姥姥和姥爷，都不知道怎么办，所以小A妈妈心急火燎地向我寻求帮助。

经过进一步的询问，我从妈妈的话语中了解到：姥爷几年前患上了阿尔兹海默症，一开始状态还好，还能够体谅人。但是随着时间的推移，状况越来越严重，现在出门总是去翻垃圾桶，穿好的衣服脱下来不穿，吃饭用手去抓……并且也渐渐地不认识人了，唯一记得清楚的就是自己的外孙。当外孙学习的时候，就在旁边看着，时不时地拍打一下孩子。从外孙房间出来的时候，总是把空调随手关上。而外孙学习时候不喜欢被人打扰，就会大声让姥爷走开，可姥爷听不懂，小A就很生气。正值夏天炎热的时候，姥爷的随手关空调也是小A最受不了的。虽然妈妈一直在跟小A讲道理，告诉他姥爷生病了，跟大家不一样，要体谅姥爷；甚至还说出了在外面看到姥爷就赶紧走，就当不认识。但是作为10岁的外孙还是理解不了这种行为，因此爷孙俩基本上每天都存在矛盾。

而那天，妈妈实在是不知道怎么办了，就赶紧向我求助。

二、案例分析

作为10岁的孩子很难接受一个亲近的人突然生病，变得陌生，甚至身边的小朋友还会因此嘲笑自己。小小的自尊心受不得这样的打击，又因为这个年龄段的孩子虽然对事物认知方面基本没问题，但却还没有达到成熟的水平，对一些事物的看法还想比较片面，这就导致孩子常常是围绕自己的兴趣或者喜好来看人看事，只要符合自己的意愿的人和事，一般都会乐于接受。而小A姥爷的行为，就超出了他能接受的范围，觉得自己被嘲笑，很丢脸，进而也不理解姥爷的行为。哪怕妈妈说姥爷生病了，也依旧不理解为什么。所以在遇到姥爷类似事情发生后，就会大哭大闹。

作为姥爷，即使生病了，也惦记着自己的外孙，我觉得这正好是一个切入点，因此就结合姥爷的病情以及对外孙的关心告诉妈妈，引导孩子去感受姥爷的爱。

三、案例处理

听了小A妈妈的叙述，我先安抚了小A妈妈，让她不那么激动。然后又跟她说小A其实是个很懂事的孩子，他面对姥爷这种情况一方面可能是觉得自己接受不了原来好好的姥爷就这样了，一方面可能是因为不知道如何去和姥爷相处，再有可能就是作为自尊心强的小A真的觉得这种行为很丢脸。我跟妈妈说先让小A了解阿尔兹海默症是一种什么病，会有哪些症状，作为家人应该要理解姥爷的行为，多帮帮姥爷，让姥爷感受爱。妈妈也说会经常告诉小A，但是我也告诉妈妈不如言传身教，从自身做起，平时多对姥爷做一些表达爱的行为，让小A在充满对姥爷的爱的环境下，进而影响到孩子的行为。然后也告诉妈妈，不能在这时光对姥爷有爱了，同时也要关注孩子的心情，孩子的情感变化，多一些鼓励，也让孩子感到家人也是爱他的。在爱的氛围下去传播爱。

也可以让小A带着小区里的小伙伴了解一下阿尔兹海默症，认识这种病，再结合姥爷的情况，说一说大家应该如何去面对这种情况的老人，让他们感受到身边人对他们的爱。这样小朋友了解了，认识了，理解了，可能就不会再嘲笑了。

过了一段时间，再次跟妈妈的对话中，妈妈告诉我，孩子的情况转好了，在面对姥爷时不时地拍打时，孩子会耐心地跟姥爷说自己在学习，稍后再跟姥爷玩。在姥爷要关空调时，也会告诉姥爷自己还要用，一会儿会自己关。虽然改变、扭转不了姥爷的情况了，但是可以改变自己的心态，认平常心面对，像我们小时候姥爷耐心的教导我们那样耐心地去跟姥爷对话，可能效果会更好。

四、心得与困惑

心得：

不发生在自己身上的悲伤，永远体会不到有多悲伤。听了小A妈妈跟我说这件事的时候，我是一边哭一边听一边劝的，因为让我想到了自己的奶奶，如果我奶奶有一天这样了，我又会如何去做。因此我将我所想要做的事，都告诉了小A妈妈，希望能对她起到帮助。

阿尔兹海默症我们总是会听到，但是当真的发生在自己身边的时候，又有多少人能够了解、理解，甚至给予帮助呢？当问题来临的时候，我们只有直面地面对，去了解它，认识它，接纳它，然后用爱，用理解去帮助它，相信一定会有好的改变。

作为班主任，在教育教学中，不光要了解孩子及父母的情况，还有去了解家庭状况，适当给予孩子一些帮助，有助于孩子的健康成长。

困惑：

是什么原因使得孩子一点点变成现在这样？

五、研究者资料

郭巧妹　女　教龄7年　班主任年限7年

专家评语

一个感人的案例。笔者是在完成一项“编外”的任务，但完成的十分出色，体谅10岁孩子的心理成熟程度，提出止于在家中解决问题。姥爷的病不能改变，对姥爷病的态度可以改变。若是再来一次班会就好了。参考题目：《我认识了姥爷的病》。

少年的焦虑

段月芬

一、案例描述

小A，男，六年级，学习成绩属于中上等。小A的父亲和母亲在同一单位上班，但由于小A母亲身体不太好的缘故，所以平时都是母亲陪伴着他。小A在班级中看起来有点不太合群，因为他常常有一些别的孩子想不到的比较成熟的想法，但他的集体荣誉感特别强，也很在乎老师以及同学对他的评价，所以他在学习上一直很努力，希望得到别人的认可。

疫情期间，小A在家的表现更是可圈可点，学习上丝毫没有放松，反而因为马上要面临小升初的压力，学习上更加努力。在一次师生交流中，我得知小A在参加各种考试，这些考试都是在为小升初做准备，从小A说的话中，我能明显感觉到孩子长大了，开始对一些事情有了自己的想法，他的语言很向上，但是状态很紧绷。妈妈也发现了他的这些变化，有时也会劝他结果不是最重要的，但是都被小A驳回，小A认为只有通过了各种各样的考试，他的未来才会有希望，他认为现在的自己没有资格放松玩耍……

二、案例分析

小A向上努力这本没有错，但是小A太在乎考试以及结果，并且让这些充满了他的生活。小A的父亲有点沉默寡言，这可能也会潜移默化的影响孩子，母亲想法很单纯，遇到一些教育问题也比较焦虑，母亲的话语会给孩子无形的压力。疫情期间，孩子长期待在家，学习占用了他大部分的时间，享受生活的时间少之又少，家长也没有注重这方面的教育。小A目前没有出现一些成长问题，但是从长远来看，如果结果和付出没有成正比的话，孩子的身心很容易受到伤害，而且在小小年纪就把人生的目标定为向上爬，很容易适得其反。

三、案例处理

1. 因势利导，启发反思

小A尊敬老师，给每一位老师都留下了好印象，对于老师讲的话都能听进去。在一次与小A的交流中，小A又提到了“吃苦”这一话题，他认为现在多多考试都是应该的，还提到了：“我们的革命先辈吃了多少苦啊！”还举出了伟人毛泽东的事迹，此时，我告诉小A的是，伟人毛泽东不但把自己的时间生命奉献于革命，他还是一位诗人，在艰难的革命岁月，他没有停止创作，他在诗中同样表现了豪情壮志。一番谈话之后，小A若有所思，原来他崇拜的偶像不只是在“吃苦”，同时也在“享受生活”，让小A明白我们要开开心心地学习，去享受学习生活，而不是为这些结果所累。

2. 提供平台，培养兴趣

小A对飞机模型很感兴趣，但因为学习考试的原因，他已经很久没有去研究这些东西了。在一次班级活动中，在我和妈妈的鼓励下，小A和班里同学分享了自己做的飞机模型，给大家详细介绍了飞机的构造以及我国飞机制造的发展历程，这些表现吸引了同学们的注意，得到了老师和同学们的一致好评。这些经历会让小A重新拾起自己的兴趣爱好，也是想让孩子明白不是只有成绩好才会受到老师和同学的喜欢，只要你有自己的一技之长，并且是你享受正在做的事情，那我们何乐而不为呢？

3. 双管齐下，加强沟通

对于小A的成长教育问题，我会经常与家长沟通交流，我们的交流不是谁教育谁的模式，而是共同探讨的模式。我们会一起交流彼此的教育理念，把小A在学校和在家的表现结合起来考虑，最后达成一致。有了相同的教育理念，我们才能合作，我们认为生活教育对孩子的成长起到不可或缺的作用，针对小A现在是的状态，教会孩子享受生活比享受成绩更重要。

四、案例心得

小A的问题是从我与他的交流中感觉到的，如果是教师单方面的感受那它就是不可靠的，所以在发现孩子问题的时候必须及时与家长沟通，达成一致。另外，其实每个教育问题的发现，都隐含着教育者的教育理念，生活教育是孩子成长过程中不可或缺的一部分，生活教育的效果是会影响孩子一生的，我们想和孩子探讨的不是告诉他成绩、考试，甚至学习不重要，我们要传达给孩子的是，你要对你正在做的事情充满兴趣，这样才是积极的生活，如果你享受这种状态，那孩子也需要知道你要有勇气为这种状态的后果负责。

五、案例困惑

问题是什么？教育问题又是什么？如果你觉得它是问题，那你一定有自己的标准，用标准去对照现实，才能发现问题。可教育是千变万化的，是因人而异的，教育有对错，但也只是普遍意义上的标准。我们不知道小A努力的结果是什么？也不知道他未来的结果是什么？当他把考试看得很重要的时候，我们是该及时地告诉他结果不重要，还是应该让他自己去发现，去跌倒，去经历挫折，最后获得成长。

六、案例研究者

段月芬　女　26岁　教龄1年　班主任年限1年

专家评语

这个案例撰写出自一位一年教龄的老师不足为怪，因为尚有极大的热忱与敏锐的洞察力。这是数年来我在农科附小案例撰写的数百篇文章里，第一次看到把学习太用功当成问题。非常有价值，非常负责任，非常有思考。给到的解决问题的方法也很轻灵，如四两拨千斤。行文流畅，有细节有画面。案例困惑，会成为笔者未来进步努力的基石。

家校沟通中的信息对等策略

柯梦青

一、案例描述

案例背景：小A是五年级的女生，家中独生女。性格文静内向，有些倔强。学习主动，担任语文课代表，工作努力，深得老师和同学信赖。

客观陈述：疫情居家学习期间，孩子本人突然加我微信。通过语音交流，我发现了孩子有口吃、说话吞吞吐吐、欲言又止等情况。与此同时，发生网课效果不好、作业上交不及时等情况。我私信了孩子本人问她情况，孩子就跟我说，她觉得自己很没用，觉得自己不是爸爸妈妈亲生的。我惊讶之余问孩子为什么有这样的想法，孩子不开口。我转而问孩子说希望我怎么帮她？愿不愿意我找她的爸爸妈妈谈一谈？孩子特别着急地回答我：找爸爸。

我与小A的爸爸取得了联系。孩子爸爸跟我说，前一个周末，孩子录活动小视频的时候，一直录不好，爸爸说了一些诸如“你怎么那么没用”之类的重话。这个刚刚迈入青春期的女孩难以接受，开始单方面拒绝跟家长沟通。爸爸总结性的话是：“这孩子太任性了，简直就是矫情。”从父亲的语气中，我明显感觉到了爸爸对女儿还有怨气。能推断，现在父女之间肯定还处于冷战的状态。

二、案例分析

本来自律、优秀的孩子突然出现口吃、吞吞吐吐、无法完成学习等情况，一定是有特殊的事情发生。基于信任，孩子向我求助，我需要充分了解情况。通过与父亲沟通后，我明白了事情的原委，与此同时，为了帮助孩子，以下四个信息需要与父亲进行沟通。

（1）孩子最近情绪产生了问题，甚至出现了口吃等现象。

（2）孩子已两三天不完成作业，学习情况不乐观。

（3）孩子很信任父亲，因为父亲说的话而丧失自信，从心理上在不断验证父亲说自己很“没用”，自我效能感不断降低。

（4）孩子的一贯表现非常好，这是突发状况，但需要特别重视。

那么我以什么方式来与孩子的父亲“对等”我手里的四条信息呢，这十分重要。如果我从家长最关心的孩子学业说起，说孩子两三天来都不完成作业，一定会引发另一场亲子矛盾；如果我从孩子口吃现象入手谈，很可能家长会“关心则乱”单方面纠正孩子的口吃，反而造成负强化，也许口吃会就此伴随孩子一生。看来，先说哪一条，很重要。思考之后，我采取了“共情—共识—协作“的信息对等路径。

三、案例处理

我先告诉了小A爸爸，谢谢您的信任，跟我开诚布公地谈了事情的缘由。其实通过这件事，我恰恰明白了，您在您女儿心里有多重要。小A的爸爸很惊讶。我继续说，小A微信告诉我，她觉得自己很没用，她一定觉得自己让您失望了。而且在我提出跟家长沟通的时候，您的女儿急切又坚定地跟我说：找我爸爸！当我客观地对等了小A对爸爸这些信任的表现时，小A爸爸几乎沉默了10秒钟，之后再说话声音就稍稍有些哽咽。他说他没想到挺无意的一句话给小A这么大的打击。通过我来对等小A难以开口的真心话，父亲与小A之间产生了互相的理解与共情。

我继续进行了下一步信息对等：小A很看重您的评价，她特别信任您，所以您的负面评价让她陷入了自我否定，她也许会有口吃等现象发生，这都是自我效能感降低的体现。小A的爸爸说，我也发现了，我还把她的表现当成了矫情、娇气。

看到父亲能找到问题的症结了，我马上通过对等信息建立父亲的自信心：小A的在校表现一直非常优秀、自律，深得同学的信任，这都与您一直以来对她的培养分不开。您的严谨和自律都在影响着她。但青春期的女孩子心智不成熟，自尊心极强，需要特别的呵护。爸爸也深表赞同：小A从一年级开始就没有让我们操心过，其间还列举了小A许多优秀的表现。

看小A的父亲可以客观看待问题了，我对等了下一条信息，小A的确一直以来都很努力，但这几天来作业完成情况和听课情况都不尽如人意，可能与这件事有关。孩子父亲说，他明白了其中的问题所在，挂上电话后会马上跟小A沟通，同时会注意跟孩子沟通的方式，重建孩子的信心，弥合这次小风波带来的伤痕。我嘱咐说，孩子本来就没有口吃的问题，请尽量淡化，在孩子重新恢复自信、快乐时，应该可以不治自愈，千万不要强调“别结巴”这样的指令。小A的父亲特别赞同。至此沟通结束。

四、案例心得

1. 效果评价

在这个案例中，我有策略地进行了四次信息的对等。

一次：对等孩子对爸爸的信任——感动爸爸，平复情绪；

二次：对等危害——引起重视；

三次：对等孩子的一贯表现——带来信心；

四次：孩子产生的问题——寻找解决途径；

这种有序的有策略地对等信息，避免了家长的焦虑，解决了问题，获得了信任。

家校沟通是为了解决问题，建立信任，促进学生成长，而不是为了让家长进一步否定孩子。因此，“对等信息”的时机、方式、顺序应该依照“平复情绪”“引起重视”“树立信心”“给出可操作建议”为路径的。

第二天开始，小A在作业、课代表工作中都开始恢复常态，之后常常私信给我，发自己的小说、绘画作品，谈自己喜欢的音乐，明显这件事情的影响持续变淡。小A口吃现象日渐消失，但说话声音依然很小，可能自信心的伤害需要更多时间来治愈。前几天孩子的朋友圈里出现了孩子与爸爸的亲密合照，笑得温暖而甜美。

2. 案例反思

在这个案例中，考虑到小A的敏感，我并没有再次主动对她提起这件事。但是作为引导成长，我应该继续抓住这个机会，教会她客观地看待自己、理智地面对挫折、理解父母的立场、通过主动沟通化解矛盾，而不是消极抵抗。当然她主动与我沟通是非常值得鼓励的。所以接下来我会以她喜欢的作品、歌词进行引导，或以续写她的小说等方式对她在这次风波中的行为来做积极的引导，使其达成心灵的成长。

五、研究者资料

柯梦青　女　教龄10年　班主任10年

专家评语

很成功的案例，很客观的效果评价，很清晰的案例陈述，很敏锐的捕捉能力。